La ponctuation
ou l'art
d'accommoder
les textes

OLIVIER HOUDART ET SYLVIE PRIOUL

La ponctuation
ou l'art d'accommoder les textes

ÉDITIONS DU SEUIL
27, rue Jacob, Paris VIe

CE LIVRE EST ÉDITÉ PAR CLARISSE COHEN

ISBN 2-02-085802-9

© ÉDITIONS DU SEUIL, AVRIL 2006

Le Code de la propriété intellectuelle interdit les copies ou reproductions destinées à une utilisation collective. Toute représentation ou reproduction intégrale ou partielle faite par quelque procédé que ce soit, sans le consentement de l'auteur ou de ses ayants cause, est illicite et constitue une contrefaçon sanctionnée par les articles L.335-2 et suivants du Code de la propriété intellectuelle.

www.seuil.com

Préambule

Septembre 1905. Des cris résonnent dans les rues de Moscou : « Payez-nous les virgules ! » Les compositeurs en grève de l'imprimerie Sytine exigent l'intégration des signes de ponctuation dans le calcul du salaire aux pièces. La première révolution russe commençait, placée sous le signe… de la ponctuation.

Un siècle a passé. Ces caractères typographiques ne provoquent plus les révolutions, mais toujours des tempêtes sous les crânes des « écrivants ». En attestent les appels à l'aide qui parviennent dans nos boîtes à lettres électroniques : est-il permis de placer une virgule avant un « et », les points de suspension peuvent-ils être quatre ? etc.

Correcteur et secrétaire de rédaction dans la presse, nous utilisons pour jongler avec les points et les virgules des connaissances lentement et patiemment acquises dans les grimoires et « sur le tas », au contact de nos *camarades de casse* plus âgés (pas de méprise, il s'agit de la casse d'imprimerie). L'intérêt manifeste porté à cette humble science qu'est la ponctuation nous a incités à concocter notre « art d'accommoder les textes ».

PRÉAMBULE

Nous plaçons ce petit traité sous le patronage d'une sainte trinité féminine de la Ponctuation : Nina Catach et Véronique Dahlet, dont les écrits sur la question ont éclairé nos ténèbres théoriques, et Lynne Truss, auteur(e) d'un essai sur la ponctuation anglo-saxonne dont la dédicace aux grévistes de 1905 nous a ravis. Nous lui adressons un salut fraternel par-dessus le Channel.

O. H. et S. P.

INTRODUCTION
===

La longue marche d'*Homo ponctuatus*
===

Heureux lecteur de notre époque : tout est fait pour lui faciliter la tâche et il ne connaît pas son bonheur ! Signes de ponctuation, accents, blancs entre les mots, majuscules, caractères italiques et gras, alinéas, paragraphes et chapitres : autant de renforts et de soutiens à la lisibilité de l'écrit.

Aux temps héroïques, rien de tout cela : le texte se présentait en bloc, d'un seul tenant, sans aucun apprêt, sans espace entre les mots. Il fallait se colleter avec la matière textuelle brute. Toutes les aides à la lecture qui nous paraissent naturelles résultent d'une lente et tâtonnante élaboration, et ne se sont imposées qu'au terme d'un long processus stabilisé seulement au XVIIIe siècle.

Homo sapiens écrit et lit depuis seulement 6 000 ans (se redresser avait déjà pris beaucoup de temps et d'énergie à ses ancêtres). L'écriture alphabétique apparaît il y a environ 3 400 ans et les premiers balbutiements de la ponctuation datent de 2 400 ans. *Homo alphabeticus* a donc écrit et lu, pendant un bon millénaire et même beaucoup plus, des textes présentés d'une façon qui nous semblerait aujourd'hui totalement rédhibitoire. L'Internet, par une spectaculaire régression, nous en donne un aperçu, avec ses rébarbatives adresses et ses subdivisions de sites sans blancs entre les mots, sans accents ni majuscules. Un texte n'était donc pas immédiatement déchiffrable. Pour en saisir le sens, le lecteur devait au préalable effectuer une sorte de préparation de copie au cours de laquelle il plaçait ses propres repères sur le support lui-même (papyrus, parchemin, puis papier). Beaucoup de manuscrits anciens gardent la trace de cette « ponctuation » ajoutée. L'idée qu'il fallait rendre l'écrit moins hermétique a cheminé très lentement et a dû se heurter à la résistance d' « élites » jalouses de leur savoir.

Le trio d'Alexandrie

Nous ignorons tout des hommes qui ont inventé l'écriture et dans quelles circonstances ils l'ont fait. En revanche, il est relativement facile de suivre les grandes étapes de l'histoire de ce dérivé de l'écriture qu'est la ponctuation (laquelle doit être prise ici au sens large, avec non seulement les signes proprement dits, mais aussi tout ce qui relève de la mise en page).

La ponctuation est née lors de périodes de recul ou de disparition de la production littéraire : la tâche de l'heure n'était pas de créer, mais de retrouver, de conserver les grands textes du passé et d'en établir des versions fiables, dans une sorte de division du travail intellectuel à l'échelle des siècles. Les personnalités de l'Antiquité grecque tardive et du haut Moyen Âge qui ont contribué à l'élaborer, à l'unifier et à la répandre n'étaient pas des écrivains. C'étaient avant tout des lettrés éditeurs de manuscrits, préoccupés de sauvegarder les chefs-d'œuvre de la littérature et de les rendre plus accessibles. Précisons en passant que ces gens, dont les noms ne disent rien à personne, ont rendu un signalé service à l'humanité. Bien plus que tous les traîne-sabre qui ont les honneurs des boulevards et des statues de nos villes ! Occupés à collationner, à sauver, à étudier, à copier et à diffuser les écrits qui leur étaient parvenus, à commencer par ceux d'Homère, ils se sont posé le problème de les éditer « scientifiquement ». C'est-à-dire d'en établir des versions définitives qui puissent être copiées à leur tour en confiance.

Les pionniers furent les responsables successifs de la grande bibliothèque d'Alexandrie aux IIIe et IIe siècles av. J.-C. : Zénodote, Aristophane de Byzance (à ne pas confondre avec l'Aristophane athénien, auteur de comédies) et Aristarque de Samothrace, tous trois grammairiens réputés. Entre autres innovations et ruptures avec les pratiques du passé, ils ont estimé qu'il fallait rejeter dans les marges des manuscrits tous les passages qui n'étaient pas de l'auteur. Cela nous paraît évident, mais ne l'était pas à l'époque, où un scribe qui copiait un texte pouvait très bien y inclure des commentaires de son cru, sans en avertir le lecteur.

On leur doit l'invention des accents, des divisions en chapitres (ou chants, pour *L'Iliade*) et, surtout, de trois signes de ponctuation. Ceux-ci ayant pour but premier de dissiper les ambiguïtés possibles et d'éviter les lectures divergentes, mais aussi de donner des repères pour la diction, la lecture à voix haute. Ils ont repris des signes qui existaient peut-être déjà, ou les ont créés, toujours est-il que les historiens leur attribuent le système dit des trois points : le point en haut, ou « point parfait » (˙) ; le point médian (·) ; le point en bas (.).

Le premier, signe le plus fort, équivalait à notre point final. Il ne subsiste plus qu'en grec moderne, où il a la valeur de notre point-virgule.

Le deuxième, signe de valeur moyenne, a disparu. Il s'apparentait à la fois au point-virgule et au deux-points actuels.

Le troisième, signe le plus faible, équivalait à notre virgule. Comme il est désormais notre signe le plus fort, on constate qu'il a pris du galon au fil du temps.

Il semble que ce système de trois niveaux de ponctuation ne se soit pas imposé d'emblée et qu'il ait été peu appliqué, y compris à l'époque romaine, mais la mémoire ne s'en est jamais perdue et il a été utilisé des siècles plus tard par les moines copistes du Moyen Âge, même si le nom et l'aspect graphique des signes ont pu considérablement varier. Le « point parfait », par exemple, est descendu au pied de la ligne, a pris l'aspect de notre actuel point-virgule et a été rebaptisé *periodus*.

Les interrogations d'Hildemar

L'Église des premiers siècles chrétiens a beaucoup vandalisé les édifices païens, mais il faut reconnaître que le clergé du haut Moyen Âge a eu à cœur de préserver l'héritage intellectuel de l'Antiquité. Sombre époque : le nombre de personnes capables de lire et d'écrire correctement (en latin) ne devait pas dépasser le millier en Europe occidentale, la plupart se trouvant dans les monastères, ultimes refuges de la culture.

On ne peut qu'admirer ces moines irlandais des VIIe et VIIIe siècles ou ces ecclésiastiques carolingiens des VIIIe et IXe siècles, comme Alcuin, clerc de l'entourage de Charlemagne (un empereur qui ne savait ni lire ni écrire). Recherchant inlassablement les textes des siècles passés, y compris ceux d'avant le christianisme, ils les copient fidèlement et en garnissent les rares bibliothèques. Représentons-nous les copistes, suant sang et eau sur leurs parchemins à longueur de journée, en hiver à la lueur — forcément vacillante — d'une bougie, transcrivant des textes dont ils ne saisissaient pas toujours la portée, et tout cela pour un public hypothétique. (Fin de la séquence émotion.)

La ponctuation fait de nouveaux progrès à cette époque de recopiage, qui impose une certaine standardisation de la présentation des manuscrits, du moins au sein d'un atelier. Arrive alors le point d'interrogation, que l'on date du IXe siècle et auquel on attache le nom du moine Hildemar. Ce signe, qui se diffusera très lentement, est destiné à supprimer les équivoques, en particulier dans les textes sacrés : comment indiquer au lecteur le caractère interrogatif d'une phrase lorsqu'il n'y a ni inversion du sujet ni adverbe ou pronom interrogatif ? par un nouveau signe, tout simplement. Mais qui pouvait juger sûrement du caractère interrogatif de tel ou tel passage, en l'absence de l'auteur, lequel pouvait être Dieu en personne ? En voulant aider la lecture, nul doute que la ponctuation a aussi contribué à créer des contresens, y compris dans la parole divine ! (On n'avait pas encore inventé le concept d'interview « relue et amendée » par l'Auteur.)

Puis vient l'invention progressive de la mise en page, de plus en plus raffinée, avec la généralisation des blancs entre les mots, du colonnage et du paragraphage (deux néologismes qui énervent notre traitement de texte) ; l'arrivée des enluminures et des lettrines ; l'utilisation combinée des minuscules et des majuscules et celle de la « rubrique » (de *ruber*, « rouge » en latin), qui consistait à écrire à l'encre rouge un mot, un titre ou un passage entier pour les mettre en valeur. Le grand apport du Moyen Âge à l'écrit est sans doute cette « mise en scène du texte ».

Tout cela ne doit pas être perçu comme un processus continu : une innovation pouvait tomber dans l'oubli, ou ne pas sortir d'un cercle restreint. Des manuscrits du Moyen Âge tardif présentent encore la *scriptio continua* (l'écriture sans blanc entre les mots), ou sont presque totalement dépourvus de signes de ponctuation.

L'éclosion des signes

C'est d'Italie que part le grand renouveau intellectuel de l'Europe, à la fin de l'époque médiévale. À Florence, des humanistes précurseurs, dont le chancelier de la ville, Coluccio Salutati, se passionnent pour les textes de l'Antiquité, les redécouvrent, les éditent. La gamme de signes de ponctuation leur paraissant bien réduite, ils en ajoutent deux : le point d'exclamation et les parenthèses. Deux signes d'un coup ! L'histoire ponctuative s'accélère (si l'on nous permet cette expression).

Ces avancées précèdent de peu la grande révolution de l'écrit que représente l'invention de l'imprimerie. En 1455, Gutenberg publie à Mayence le premier livre imprimé, une Bible. Vient le temps des incunables (les livres publiés jusqu'à 1500), dont la présentation est calquée sur celle des manuscrits. La jeune typographie — la muse Typographie, pourrait-on dire — est immédiatement très maîtrisée, telle Athéna sortant tout armée de la tempe de Zeus, car elle bénéficie de l'expérience séculaire accumulée par les copistes.

Mais ce formidable outil ne peut se contenter de perpétuer la tradition manuscrite. Rapidement, la typographie évolue dans le but essentiel d'améliorer la lisibilité : de nouveaux caractères apparaissent, gravés par Alde Manuce en Italie (inventeur de l'*italique*) ou Claude Garamond en France.

Dans les ateliers, la nécessité de codifier la ponctuation se fait sentir : en 1540, Étienne Dolet, humaniste et imprimeur, publie un ouvrage dans lequel il traite de *La punctuation de la langue Francoyse* (le fac-similé en est consultable sur le site Gallica de la BNF). Pour lui, placer les virgules et les points relève du domaine réservé des typographes et des correcteurs, pas vraiment de celui des auteurs ! Rabelais, qu'il édita, lui reprocha d'avoir « reponctué » ses textes sans le consulter. Sur ce sujet, les problèmes entre les auteurs et les imprimeurs ne faisaient que commencer.

Dolet décrit six « figures » : virgule, deux-points, point, point d'interrogation, point d'exclamation et parenthèses. À l'exception de son deux-points, qui correspond à notre actuel point-virgule, tous ces signes ont la même fonction que celle que nous leur connaissons aujourd'hui. Il ne mentionne pas les guillemets, que l'on repère pourtant dès 1527, ni le point-virgule, apparu dans des imprimés italiens à la fin du XVe siècle, qui seront adoptés peu à peu.

Il faudra encore deux siècles pour compléter la petite troupe de signes dont nous disposons en ce début de troisième millénaire. Apparaîtront, au XVIIe siècle, les points de suspension et les tirets, ces derniers attestés pour la première fois en Allemagne en 1660, tandis que le deux-points se fixera dans sa fonction actuelle au cours du XVIIIe siècle.

INTRODUCTION

Ponctuer, c'est respirer

Les dix signes qui existent désormais n'entrent que progressivement dans les mœurs. Jusqu'à la fin du XVIIIe siècle, on a ponctué plutôt sobrement, utilisant surtout le quatuor : point, virgule, point-virgule et deux-points. Avec au moins une exception : Restif de La Bretonne (à la fois écrivain et imprimeur, cas peut-être unique dans les annales littéraires), qui avait pressenti le parti qu'il pouvait tirer de l'aspect purement visuel de la ponctuation. Dans *La Mimographe*, publiée en 1770, il se livre à de véritables feux d'artifice typographiques : grand usage de tous les signes disponibles, et notamment des points de suspension, qu'il allongeait à volonté, jeu constant entre l'italique et le romain, changements fréquents de corps de caractère.

L'idéal littéraire, en ces temps qui placent encore la rhétorique au faîte de tous les arts, reste la « période », même si celle-ci, qui a connu son apogée au XVIIe siècle, a déjà commencé son déclin. La période, « phrase de plusieurs propositions dont l'ensemble seul forme un sens complet » (*Larousse du XXe siècle*), véritable vecteur de la pensée, peut être très longue. Elle est tout harmonie, avec la progression logique des idées jusqu'à l'« acmé », point culminant du développement, qui conduit à la chute finale, ou « clausule ». Tous les rouages en sont faciles à identifier, et ces phrases pourraient presque se passer de ponctuation, laquelle se contente de souligner d'un léger trait les liaisons plutôt qu'elle ne structure le texte : interviennent principalement le point-virgule ou le deux-points, pour séparer les membres principaux, et la virgule, à l'intérieur de ceux-ci. Comme dans cette période à deux membres qui ouvre le chapitre VI du *Candide* de Voltaire :

> Après le tremblement de terre qui avait détruit les trois quarts de Lisbonne, les sages du pays n'avaient pas trouvé un moyen plus efficace pour prévenir une ruine totale que de donner au peuple un bel autodafé ; il était décidé par l'université de Coïmbre que le spectacle de quelques personnes brûlées à petit feu, en grande cérémonie, est un secret infaillible pour empêcher la terre de trembler.

La ponctuation est alors considérée comme un domaine très négligeable, volontiers laissé par les auteurs à l'appréciation de leurs imprimeurs – Voltaire lui-même déclare au sien, qui l'interroge sur cette question, qu'il n'a qu'à se débrouiller tout seul avec ce « petit peuple-là ». Certains grammairiens du XVIIIe siècle qui s'essayent à théoriser la ponctuation s'en excusent presque, comme Jean-Léonor de Grimarest, qui parle de « petite science ». Le plus célèbre d'entre eux, Nicolas Beauzée (beaucoup imité par les générations suivantes de grammairiens, jamais égalé), auteur du chapitre « Ponctuation » dans l'*Encyclopédie* de Diderot et de d'Alembert, n'est pas vraiment de cet avis : il y voit une « métaphysique très subtile ». Sa définition de la ponctuation tient en deux phrases : c'est « l'art d'indiquer dans l'écriture, par les signes reçus, la proportion des pauses que l'on doit faire en parlant ». Et il ajoute : « Il est évident qu'elle doit se régler sur les besoins de la respiration, combinés néanmoins avec les sens partiels qui constituent les propositions totales. »

On considère encore que l'écrit est la copie conforme de l'oral, que les deux obéissent aux mêmes règles et qu'ils n'ont pas leur logique propre. L'auteur couche sa parole sur le papier, et le lecteur la recrée en lisant à voix haute. Il lui faut pour cela des aides à la diction et à la respiration. Très longtemps et majoritairement, en effet, la lecture solitaire (pour soi-même, pas pour un auditoire) s'est pratiquée à voix haute : on *disait* le texte qu'on lisait. D'autant plus que l'essentiel de la littérature, profane ou sacrée, avant l'avènement du roman, pourrait être qualifié de « déclamatoire » : poésie, théâtre, fables, sermons, prêches et homélies diverses. Nous l'avons tous éprouvé à l'école : appelés au tableau, nous récitions des fables ou des poésies, pas des extraits de Zola ou de Maupassant.

Beauzée, bien conscient que les exigences de la respiration et de la syntaxe peuvent entrer en contradiction, donne dans ce cas l'avantage à la première. Il prend l'exemple de deux parties similaires d'une phrase réunies par une conjonction : si les deux ensemble « n'excèdent pas la portée commune de la respiration, la conjonction suffit pour marquer la diversité des parties, et la virgule romprait mal à propos l'unité du tout qu'elles constituent, puisque l'organe n'exige point de repos ». Mais si ces deux parties similaires « ont une certaine étendue qui empêche qu'on ne puisse aisément les prononcer tout de suite sans respirer ; alors, nonobstant la conjonction qui marque la diversité, il faut faire usage de la virgule pour indiquer la pause : c'est le besoin seul de l'organe qui fait ici la loi ». Et il donne pour illustrer ce cas de virgule respiratoire un exemple tiré du *Discours sur l'histoire universelle*, de Bossuet : « L'Église n'a jamais regardé comme purement inspiré de Dieu, que ce que les Apôtres ont écrit, ou ce qu'ils ont confirmé par leur autorité. » La virgule après *Dieu* sépare de façon fort peu syntaxique le verbe de son complément.

En d'autres termes, si une phrase est trop longue, on peut y placer une virgule en guise de pause, virgule par ailleurs antisyntaxique. Cette pause est peut-être nécessaire à l'oral, mais dans le cadre d'une lecture silencieuse, la virgule perturbe le message. Beauzée introduit ici une notion subjective, qui échappe à la logique grammaticale, celle de la longueur nécessitant une pause respiratoire : cette notion ne sera pas appréciée de la même façon par une poitrinaire et un chanteur d'opéra, par Marguerite Gautier et Caruso.

Au XVIIIe siècle, le nouveau style « coupé », comme on disait alors, caractérisé par des phrases courtes et percutantes, détrône la période. Ce qui nous permet de dire que ce siècle marque à la fois la fin de *la* période et celle d'*une* période pour la ponctuation : il voit la stabilisation de l'arsenal des signes de ponctuation et la théorisation de leurs emplois par les grammairiens. Mais leur utilisation n'est pas standardisée, loin de là : le même signe peut avoir une valeur différente d'un livre à l'autre, le traitement typographique varie selon les imprimeurs, le tout obéissant à un dilettantisme certain.

Victoire de la syntaxe

Le XIXe siècle va mettre bon ordre dans cette joyeuse pagaille. Le nouveau siècle marque un tournant, à mesure que se développent la presse et le livre à bon marché : l'imprimerie quitte le stade artisanal ; le livre devient un objet usuel alors qu'il avait toujours été un produit de luxe ; l'imprimé touche un nouveau public à la fois plus vaste et moins cultivé. D'autant que les usages changent : la lecture silencieuse gagne du terrain. Il en résultera une codification plus rigoureuse impulsée par les gens du livre, fondée uniquement sur la valeur logique et syntaxique de la ponctuation, laissant désormais de côté sa valeur musicale ou respiratoire.

La prise définitive du pouvoir par les imprimeurs est rapide et totale. Certains sont même devenus des industriels et ils ont encore plus de poids face aux auteurs. Cette définition de Pierre Larousse (à la fois grammairien et éditeur), à l'article « Ponctuation » du *Grand Larousse du XIXe siècle*, résume leur état d'esprit : les règles de ponctuation sont « fixes, basées sur la syntaxe, elles n'admettent ni la fantaisie, ni les caprices ». On pourrait ajouter : cette question est trop sérieuse pour être laissée à la seule appréciation des écrivains... De George Sand à Victor Hugo, l'histoire littéraire du XIXe siècle résonne des plaintes des auteurs contre les imprimeurs, qu'ils accusent de remanier à leur gré la ponctuation. Le plus souvent en vain, semble-t-il.

Quant aux écrivains du passé, ils n'étaient plus là pour protester. Les imprimeurs ont « revisité » leurs œuvres, changeant le rythme des phrases, ajoutant ou supprimant des virgules pour, prétendument, en faciliter la lecture, systématisant l'emploi des tirets et des guillemets dans des textes qui s'en étaient bien passés, plantant partout des points d'exclamation comme autant de banderilles. Cette tradition de modernisation de la ponctuation des textes anciens perdure. C'est un abus de pouvoir : la ponctuation ancienne, pour obéir souvent à des principes différents de ceux d'aujourd'hui, n'est jamais aberrante et ne rend pas ces textes obscurs au point de devoir la modifier.

Les dix derniers vers de la fable *Le Rat de ville et le rat des champs* dans une édition universitaire de 1962, qui déclare respecter la ponctuation originelle du XVIIe siècle, puis dans une édition de poche de 1995, muette sur la question, présentent de notables différences :

Et le citadin de dire :	Et le citadin de dire :
Achevons tout notre rôt.	« Achevons tout notre rôt.
— C'est assez, dit le rustique ;	— C'est assez, dit le rustique ;
Demain vous viendrez chez moi :	Demain vous viendrez chez moi.
Ce n'est pas que je me pique	Ce n'est pas que je me pique
De tous vos festins de Roi ;	De tous vos festins de Roi ;
Mais rien ne vient m'interrompre :	Mais rien ne vient m'interrompre :
Je mange tout à loisir.	Je mange tout à loisir.
Adieu donc ; fi du plaisir	Adieu donc. Fi du plaisir
Que la crainte peut corrompre.	Que la crainte peut corrompre ! »

La Fontaine n'avait pas utilisé de guillemets. Ils sont ici inutiles, d'abord parce que le passage au discours direct est très clairement identifiable et surtout parce que le fabuliste ne désirait pas séparer le dialogue du reste de la narration. Les points rajoutés modifient le rythme des strophes, et enfin un point d'exclamation intempestif vient clore le tout.

La ponctuation du paragraphe suivant, extrait des *Égarements du cœur et de l'esprit*, de Crébillon fils (édition de 1748, du vivant de l'auteur), a beaucoup changé après le passage à la moulinette d'une édition moderne de 1977 :

> J'étais, sur les matières de sentiment, d'une extrême avidité, et soit pour m'instruire, soit pour avoir le plaisir de parler de la situation de mon cœur, je ne me trouvais guère en compagnie que je ne fisse tomber le

discours sur l'amour et sur ses effets. Cette disposition était favorable à Madame de Lursay, et elle résolut enfin de s'en servir.

J'étais sur les matières de sentiment d'une extrême avidité ; et, soit pour m'instruire, soit pour avoir le plaisir de parler de la situation de mon cœur, je ne me trouvais guère en compagnie que je ne fisse tomber le discours sur l'amour, et sur ses effets : cette disposition était favorable à Madame de Lursay, et elle résolut enfin de s'en servir.

En tout, six différences dont on ne voit pas vraiment la pertinence, sinon qu'elles perturbent l'équilibre de la phrase et qu'elles ne la rendent pas meilleure. (Cet exemple peut au moins servir de jeu des six erreurs.)

Tous les textes du passé ont subi de tels traitements. Comme si des cuistres, au fil des siècles, s'étaient permis de modifier les tableaux du Greco ou de Zurbarán au prétexte qu'il y aurait manqué un trait ou une touche de couleur ! Heureusement, cette pratique recule lentement et la tendance est maintenant à la redécouverte de la ponctuation d'origine, comme on rend sa lumière primitive à un tableau en le débarrassant de la patine des siècles.

En matière de ponctuation, la « dictature » des imprimeurs, puis des éditeurs (les deux activités s'étant progressivement dissociées), s'est adoucie au XXe siècle, du moins pour les auteurs vivants. Plus d'échos (du moins publics) de batailles à coups de virgules et de guillemets. La question a cessé de susciter les passions. Marcel Proust est même réputé avoir abandonné explicitement aux correcteurs la ponctuation de certains passages de la

Recherche. Tous ceux qui ont voulu innover en la matière ont pu le faire, comme Guillaume Apollinaire ou Louis Aragon, qui ont écrit des poèmes sans aucune ponctuation. Personne n'a eu le front d'empêcher Louis-Ferdinand Céline de faire un usage immodéré des points de suspension, ou Roland Barthes des deux-points. Mais peut-être le feu couve-t-il sous la cendre ? Un indice nous met la puce à l'oreille : San-Antonio commente lui-même dans ses romans certaines de ses ponctuations, ce qui empêche de les modifier, à moins de supprimer du texte, preuve qu'il n'est pas sûr qu'elles seraient respectées sans cela :

> — Maintenant !!! exclame le pauvret en ponctuant, tu l'auras remarqué, de trois points d'exclamation.
>
> *Les huîtres me font bâiller*

Les grammairiens ne semblent plus se passionner pour cette « petite science », dont ils se sont laissé déposséder par les typographes. Leurs ouvrages lui accordent une place très réduite, parfois nulle, à l'exception notable du *Bon Usage* de Grevisse. À l'heure actuelle, les « codes typo », qui ne sont pas destinés au grand public, donnent encore le *la* pour la ponctuation. Voici comment l'un d'entre eux présente les « règles essentielles » :

> [Ponctuer,] c'est d'abord une question de *logique* plus que de cadence ; l'information parlée et de nombreux orateurs donnent trop souvent de fort mauvais exemples de pauses qui ne doivent pas figurer dans un texte imprimé. La ponctuation sert avant tout à faire saisir toutes les nuances de la pensée d'un auteur et éviter ainsi de fâcheuses équivoques.
>
> *Code typographique* de la Fédération CGC de la communication

INTRODUCTION

Ces ouvrages sont très utiles, mais assez péremptoires, pour ne pas dire autoritaires, avec des interdits quasi religieux. Il y a d'abord la proscription absolue de la virgule placée entre le sujet et le verbe, puis celle des points de suspension après *etc.*, ensuite celle des deux-points multiples à l'intérieur d'une seule phrase. Notons également une allergie très marquée à la phrase longue. Le *Style du Monde* (somme des règles en usage au quotidien *Le Monde*) recommande lui aussi aux journalistes de rédiger « des phrases courtes » et d'éviter « les rafales de subordonnées ». Notre logiciel de traitement de texte se crispe, lui, dès que la phrase dépasse soixante-quinze mots !

Sixties et smileys

Nous voici donc, en ce début du XXIe siècle, avec un système de ponctuation qui s'est stabilisé au XVIIIe, a été codifié au XIXe et a peu bougé depuis.

Toutes les tentatives pour créer de nouveaux signes ont fait long feu. Notamment celles des *sixties* : citons l'*interrobang*, créé en 1962 aux États-Unis, dans la publicité, qui cumulait les valeurs du point d'interrogation et du point d'exclamation (‽). En France, Hervé Bazin, dans *Plumons l'oiseau* (1966), a proposé de nouveaux « points d'intonation », parmi lesquels le point d'ironie (⸘) ; le point d'acclamation (⌄) ou encore le point d'amour (♡).

Ils sont maintenant rangés dans le magasin des curiosités typographiques. Mais rien n'empêche de renouer avec ces années d'innovation. Nous avons pour notre part imaginé un point de dépit mêlé de tristesse (:) qui pourrait se combiner avec les points de suspension (:..). Et nous l'inaugurons avec cette citation d'Hector Bianciotti :

> C'était le début des années 80, j'étais en train d'écrire en espagnol un recueil de nouvelles : *L'Amour n'est pas aimé*. Et je peinais... J'ai donc rédigé directement en français. Une amie m'a dit, alors, entre dépit et tristesse : « En français, ta prose n'a plus d'ombre : »
>
> Télérama

Avec l'Internet et le développement du courrier électronique, des combinaisons de signes ont, elles, remporté un succès immédiat. Quel internaute n'a pas reçu de courriel agrémenté d'un ou de plusieurs *smileys* (ou « binettes », comme on dit au Québec) ? Personnifiant le scripteur, le *smiley* renseigne sur son état d'esprit du moment. Pour faire remarquer qu'il a mis une touche d'humour dans son texte, il signera : :-) En cas de remarque sarcastique, ce sera : ;-) Et s'il est ému jusqu'aux larmes, le *smiley* s'ornera d'une apostrophe : :'-)

Malheureusement, les « antiques » *smileys* ont déjà laissé la place à des images toutes faites, qui ne nécessitent même plus que l'on penche la tête pour les regarder...

« Le point qui fait tout »

Nous avons interrogé des collégiens sur la ponctuation (peut-être se trouve-t-il parmi eux un futur Coluccio Salutati). À notre grand étonnement, les termes qu'ils emploient spontanément

INTRODUCTION

n'auraient pas déplu à Beauzée : ils parlent de pause, de respiration… Beaucoup ont eu à faire des exercices de reponctuation, ce qui semble les amuser. Ils affichent une préférence marquée pour le point d'exclamation, et le point-virgule les plonge dans la perplexité : ils n'en voient pas l'usage. L'un d'entre eux a regretté qu'il n'existât pas de « point qui fait tout », mais nous lui avons répondu que la quête de ce point serait aussi ardue que celle du Graal.

Faute de ce point magique qui résoudrait tous les problèmes, nous allons nous faire guides au « royaume des signes ».

Précisons que la norme en matière de ponctuation est moins contraignante que pour l'orthographe : un texte donné n'a (en principe) qu'une seule orthographe, mais il peut être ponctué de multiples manières selon le tempérament et le style de chacun. En dépit des interdits, nous précisons que nous ne dédaignons pas les phrases un peu longues et les deux-points successifs : nous demandons, en conséquence, toute son indulgence au correcteur qui nous relira.

LE POINT

Un point, ce n'est plus tout

Une pratique cinématographique aujourd'hui désuète voulait qu'apparût sur l'écran le mot FIN, juste après le dernier baiser, juste avant que la lumière ne revînt dans la salle. En américain d'Hollywood, c'était THE END, et ce *end* se devait en plus d'être *happy*. Dans tous les albums de Tintin, Hergé tient à signaler par une vignette particulière que l'histoire est terminée, comme dans *Les Bijoux de la Castafiore*, où le perroquet offert par la cantatrice déclare : « C'est fini, mille sabords ! » Le spectateur ou le lecteur l'ont déjà compris, mais l'auteur tient à souligner par l'intervention de ce psittacidé que tout a été dit.

Les Anciens, déjà, s'étaient préoccupés de marquer clairement que le sens d'un texte était complet, d'où la naissance à l'époque hellénistique du « point parfait », au-dessus de la ligne (˙), dont la perfection ne résidait pas dans la facture, mais dans la valeur de clôture qu'on lui accordait : après lui, il n'y avait plus rien à ajouter.

Au Moyen Âge, le *periodus*, qui avait la forme d'un « point en bas » augmenté d'un trait ondulé (·~), prit sa suite. Il pouvait cohabiter avec des formules comme *ici finit cette partie*, souvent écrites en rouge (« rubriquées ») pour les mettre en valeur, ou avec l'*hedera*, marque de fin de chapitre figurant une feuille de lierre (☙). Le *periodus* était un signe fort : il indiquait la fin d'un verset, d'un paragraphe, mais ne ponctuait pas les phrases, qui se passaient le plus souvent de signe de clôture.

À la Renaissance, le *periodus* est remplacé par le point, notre point actuel (.), aussi appelé « point simple » ou « point rond ». Le mot vient du latin *pingo* (« je pique »), en référence à la légère piqûre que fait la pointe d'un stylet sur une tablette recouverte de cire. Il a aussi donné « ponctuation ». Dans son traité de ponctuation (1540), l'imprimeur Étienne Dolet le mentionne, en précisant qu'il « conclut la sentence » (mot qui n'a pas encore le sens de *verdict*, mais de *pensée exprimée*, de *période*).

Le nouveau point, à la différence de son ancêtre, ne se contente pas du rôle de signe final des grandes unités du texte, et va progressivement « remonter » à l'intérieur de celles-ci (comme un saumon dans la rivière) pour conclure les simples phrases, au point (le mot « point » a d'innombrables acceptions) de jouer le rôle d'une virgule dans certains cas. Ce signe s'est « dilué » au cours des siècles, si bien qu'il fait un peu mentir les expressions comme « un point, c'est tout » : un point, souvent, ce n'est plus tout.

Les points forts

L'usage du point est orthodoxe, classique, académique (nous ne mettons ici pas de valeur péjorative à ces adjectifs) quand il apporte la touche finale à un développement. On pourrait presque oublier qu'il est là, tant sa présence se fait légère, discrète. Il vient juste confirmer ce que le lecteur avait déjà pressenti : la phrase est finie :

> Le moment est peut-être venu aussi de m'expliquer franchement sur un point délicat, au risque de choquer et de décevoir quelques-uns de mes lecteurs et de passer pour un fils dénaturé auprès de certains tenants des écoles psychanalytiques en vogue : je n'ai jamais eu, pour ma mère, de penchant incestueux.
> <div align="right">R. Gary, <i>La Promesse de l'aube</i></div>

À l'opposé de la discrétion dont nous venons de parler, le point peut s'affirmer : sa présence à la fin des répliques du loup dans la fable de La Fontaine *Le Loup et l'Agneau* les rend plus glaçantes que ne l'aurait fait un point d'exclamation. Il renforce ce que nous savons déjà : rien ne détournera le prédateur de son dessein :

> Tu seras châtié de ta témérité.
>
> Si ce n'est toi, c'est donc ton frère.
>
> On me l'a dit : il faut que je me venge.

La colère d'Hermione (monologue de l'acte V de l'*Andromaque* de Racine), qui se termine par un arrêt de mort, se passe aussi de point d'exclamation, pour les mêmes raisons :

> Non, ne révoquons point l'arrêt de mon courroux.
> Qu'il périsse. Aussi bien il ne vit plus pour nous.

Les éditeurs modernes, trop sensibles, se sentent obligés d'en mettre un après « Qu'il périsse ». On peut dire en passant que les auteurs du XVIIe siècle faisaient assez confiance au texte pour ne pas le surcharger de ponctuation...

Au début du XXe siècle et dans un registre tout à fait différent, Félix Fénéon nous livre, en pince-sans-rire accompli, de petits chefs-d'œuvre en trois lignes où le point final tombe comme un couperet :

> Au Brabant (Vosges), M. Amet-Chevrier,
> 42 ans, et sa femme, 39 ans,
> ont désormais dix-neuf enfants.
>
> M. Abel Bonnard, de Villeneuve-Saint-Georges,
> qui jouait au billard, s'est crevé l'œil gauche
> en tombant sur sa queue.
>
> *Nouvelles en trois lignes*

Les points faibles

Mais le point n'assure pas toujours d'aussi hautes fonctions. Dans le passage suivant, utilisés de façon répétitive et à l'exclusion des autres signes de ponctuation, sept points séparent des phrases assez courtes, avant de conduire au point final. Ils n'ont ici guère plus de valeur que des points-virgules :

> Le vent s'engouffre par rafales dans les rues encore endormies. Les maisons du village sortent à peine du sommeil de la nuit. Un contrevent grince comme on l'ouvre. Une lampe s'allume. Une première fumée panache au-dessus d'un toit. Un paysan enfile un paletot sur le pas de sa porte et interroge le ciel. Le ciel est noirâtre, parcouru de nuages livides qui courent sur la

lune déclinante. Jamais encore l'aube n'a eu plus sinistre visage.
>> R. Guérin, *Les Poulpes*

Le point peut aussi s'interposer au milieu d'une phrase, pour mieux mettre en valeur la seconde partie :

> Il y eut dans la vie de cette cour, dans notre vie, un été tout à fait extraordinaire. Rempli d'un bout à l'autre d'événements remarquables.
>> A. Makine, *Confession d'un porte-drapeau déchu*

Le point est souvent utilisé pour renforcer une fin de phrase courte, jouant le rôle qu'aurait pu tenir une virgule ou un deux-points, comme dans ces deux exemples :

> Il savait que, ce soir encore, il rentrerait au Camp plus mal en point et plus désespéré que la veille. Et tout aussi humilié.
>> R. Guérin, *ibid.*

> Chez Fassbinder, marginalité ne s'oppose pas à famille, bien au contraire. Mais une famille qui se choisit.
>> *Le Monde*

Mieux encore ! le point isole la très courte conclusion d'une longue phrase :

> Quant à sa forme, elle admettait qu'il y avait assez et rien de trop, et, pour illustrer cette affirmation, elle passa ses mains sur tous les contours de son corps charmant, se soulevant légèrement pour suivre les plans heureux sur lesquels elle reposait. Maurice en fut très ému.
>> A. France, *La Révolte des anges*

Dans ces quatre derniers exemples, le premier segment pourrait se suffire à lui-même. Le second dépend de lui pour être compris, mais son rejet après le point lui confère une autonomie visuelle : il « coiffe » l'ensemble, lui donne un sens plein. Le point sert ici à créer un effet, mais il en ressort affaibli, car il n'est plus vraiment un signe final.

Il « descend » même au rang de la virgule dans l'exemple suivant, où il sépare tous les termes de l'énumération :

> Escalier. Couloirs encombrés de containers. Terrifiant vacarme des presses. Allées où foncent les caristes. Escaliers. Détours. Bouffées de froid. Bouffées de chaleur. Fenwicks. Salles encombrées. Escalier. Puis une salle qui me paraît immense, explosion de bruits stridents et de couleurs criardes.
>
> R. Linhart, *L'Établi*

Des virgules auraient fluidifié cette phrase, mais l'auraient rendue moins oppressante. Les points soulignent chaque étape de cette marche dans un monde hostile, créant une tension qui se libère avec l'arrivée dans la salle.

Dans le passage qui suit, les points du début et de la fin ne séparent plus que des mots, donnés bruts. Le style télégraphique se met au service du style tout court : le cycle de la vie est livré en express !

> Écoulement. Devenir. Compénétration. Tumescence. Boursouflure d'un bourgeon, éclosion d'une feuille, écorce poisseuse, fruit baveux, racine qui suce, graine qui distille. Germination. Champignonnage. Phosphorescence. Pourriture. Vie.
>
> B. Cendrars, *Moravagine*

La définition minimale de la phrase par les grammairiens (segment commençant par une majuscule initiale et finissant par un point) est subvertie par un tel usage des points. Les six dernières citations forment à l'évidence chacune une seule phrase. Le point atteint ici une nouvelle étape de sa dilution : il y devient une ponctuation interne à la phrase. La prochaine phase sera l'abandon éventuel de la majuscule d'après-point (pourquoi pas, dans certains cas ? cela fera une nuance de plus offerte par la ponctuation). Certains écrivains s'y sont déjà essayés.

Le point presse

Dans les journaux, les « chapeaux », ces notules de présentation résumant de façon alléchante le contenu du papier (ce qu'on pourrait appeler « faire l'article »), affectionnent les courts ajouts après le point qu'on aurait pu croire final. Ajouts qui deviennent les vrais signaux de fin de message. Hélas, l'utilisation répétitive d'un tel procédé rend ces « chapeaux » très convenus et surtout trop prévisibles. Exemples :

> Un rapport, remis cette semaine au gouvernement, préconise de réduire sensiblement l'utilisation des produits chimiques agricoles. Il était temps

> Peut-être l'ancien dictateur tchadien réfugié au Sénégal sera-t-il jugé un jour. Reste à savoir par qui

> Pierre-Louis Basse se souvient du match de foot légendaire qui a vu l'Allemagne de Schumacher triompher de la France de Platini. Homérique

Saucisson chaud ou blanquette, elle mitonne ses spécialités devant un public de gourmands. Revigorant

Autre aspect du recul du point comme signe fort, sa disparition des titres des livres et des journaux. Tous les titres, surtitres et sous-titres (et chapeaux) ont eu un point final au moins jusqu'à la fin du XIXe siècle, qui a fini par choir. Les typographes modernes ont jugé qu'il faisait double emploi avec toutes les autres informations reçues par le lecteur : composition en capitales, gros caractères, centrage en haut de la page, « blanc tournant » (les parties non imprimées qui entourent le texte).

La publicité dans la presse écrite, elle, procède encore « à l'ancienne » : chaque pub est à sa façon une nouveauté, une *terra incognita* (relative), même si le canevas est toujours identique : une image et un court texte qui se répondent l'un l'autre. Le texte, même s'il est centré, en très gros caractères, etc., sera en général suivi d'un point final (*idem* pour les grandes affiches du métro). La publicité, réputée « moderne », reprend un usage abandonné depuis longtemps par la presse et l'édition, pourtant d'un âge plus vénérable.

Comme en réponse à cet affaiblissement, la presse écrite place des puces à la fin des articles importants (carrées pour *Le Monde*, en losange pour *Libération*, rondes et multicolores pour *L'Express*), venant épauler le point final. On pourrait les baptiser « puces finales d'article » ; elles font penser aux multiples repères visuels qui parsemaient les manuscrits du Moyen Âge.

Le Point va plus loin : le point final d'article n'existe plus ; il est remplacé par une puce carrée. Peut-être cet hebdomadaire pourrait-il changer de nom et devenir *La Puce* !

Est-ce la fin du point final ? La puce est-elle en passe de le supplanter ? Une forme graphique unique va-t-elle s'imposer ? Dans ce cas, nous assisterions à la naissance d'un nouveau signe de ponctuation, le premier depuis des siècles !

Un signe à part : le point abréviatif

Malgré leur ressemblance certaine, le point et le point abréviatif ne sont pas le même signe. Le second signale qu'un mot est incomplet, abrégé. En règle générale, on garde une, deux ou trois lettres initiales, et le point est mis pour le reste du mot : *Monsieur* devient *M.* ; *exemple* devient *ex.* (quand on garde la lettre finale du mot, pas de point abréviatif : *Madame* devient *Mme* ; *faubourg* devient *fg*).

Que se passe-t-il quand un mot abrégé vient terminer une phrase ? Le cas se pose très fréquemment avec « etc. » (la locution latine *et cætera*, « et les autres choses »). Deux points se trouvent en présence « etc.. », et le plus fort (le point final) absorbe le plus faible (le point abréviatif), ce qui donne au final « etc. ». À l'intérieur d'une phrase, « etc. » peut être suivi d'une virgule. Rappelons la proscription de la configuration « etc… », car c'est une redondance, les points de suspension ayant ici le même sens que « etc. ».

En bref
LE POINT

> *Est un signe de clôture de phrase, toujours suivi d'une majuscule.*
> *S'efface devant les points d'interrogation, d'exclamation et de suspension.*
> *Est collé au mot qui le précède et suivi d'une espace forte.*

Nous avons déponctué un paragraphe de *L'Herbe rouge*, roman de Boris Vian (édition de 1967, donc ancienne, on le voit au « é » de révolver). Tous les points (12) ont sauté, ainsi que les quelques virgules (5). Pas d'autre signe dans ce texte. Voyez à quel point l'absence de majuscules initiales (nous avons laissé celles du prénom) et de signes de ponctuation est déstabilisante. Solution en page 191. Vous y verrez si, comme on disait au XVIIIe siècle, vous « chaussez à même point » que l'auteur.

> Elle ouvrit son tiroir et saisit un révolver sans se lever elle visa la bête de velours et tira il y eut un craquement sale le papillon atteint en pleine tête replia ses ailes sur son cœur et plongea inerte cela fit un bruit mou sur le sol une poudre d'écailles soyeuses s'éleva Lil poussa la porte et sortit poliment le corbeau lui dit au revoir une autre personne attendait une petite fille maigre avec des yeux noirs et inquiets qui serrait dans sa main sale une pièce d'argent Lil descendit l'escalier la petite fille hésita et la suivit.

LE POINT D'INTERROGATION

Galbé le magnifique

L e point d'interrogation, comme la chartreuse ou la bénédictine, est un pur produit des monastères. Il fut inventé dans les ateliers de copistes à l'époque carolingienne et affectait la forme d'un point surmonté d'une volute légèrement inclinée vers la droite (⸮). Il faut même parler *des* points d'interrogation, car on distinguait au Moyen Âge, à la suite de l'Antiquité, l'interrogation réelle, qui est une demande d'information, de l'interrogation rhétorique, affirmation prenant l'apparence d'une question. Un signe, appelé *percontativus* (« interrogatif » en latin) (ĩ), rendait cette interrogation de pure forme. Où l'on constate que le Moyen Âge pouvait être plus précis que nous. Mais ce signe n'a pas été adopté par l'imprimerie et il est tombé dans les oubliettes de la typographie.

Au XVIe siècle, les imprimeurs donnent au point d'interrogation sa forme définitive d'hameçon, pour éviter la confusion avec le point d'exclamation récemment créé.

Les typographes et correcteurs l'appellent « rog », pour faire court. Nous y voyons aussi une sorte de retour aux sources puisqu'en latin interroger se dit *rogare*.

Il ne s'est pas (pas encore ?) imposé partout : en grec moderne, il n'existe pas. Dans cette langue, l'interrogation est rendue par notre point-virgule (lui-même rendu par le « point en haut » ['], un des plus anciens signes de ponctuation, que le français n'a pas adopté). En espagnol, son usage est différent : signe double, comme les parenthèses ou les guillemets, il encadre la phrase interrogative ; le premier, à l'envers, ouvre l'interrogation et le second, normal, la clôt, les deux serrant de près le texte : ¿*Vienes?* (« Viens-tu ? »). Cette façon de faire se défend : balancement harmonieux en cas de phrase courte ; grande utilité en cas de phrase longue, dont on apprend tout de suite le caractère interrogatif.

« Est-ce que j'ai une gueule d'atmosphère ? »

De tous les signes de ponctuation, le point d'interrogation est le plus élégant et sûrement celui qui attire le plus l'œil, par son galbe, parce qu'il domine la ligne (comme le *l*, le *h* et les majuscules) et se réserve une espace fine entre lui et le mot qui le précède : une vraie vedette. Seul sur une feuille blanche, il a un sens (il « fait sens » pour parler moderne) ; au théâtre, il peut figurer à la fois une réplique muette et une indication de jeu pour l'acteur. Mis entre parenthèses (?), il pointe l'incertitude ou le doute du rédacteur sur ce qu'il rapporte.

Le point d'interrogation vient à la fin de la phrase qu'il ponctue (cela paraît évident, mais il aurait pu aussi bien se placer au début), tourné vers la gauche, vers ce qui précède. C'est pourquoi, en arabe, qui se lit de droite à gauche, il est inversé, comme lu dans un miroir, et « regarde » vers la droite.

Il est en quelque sorte multicarte : combien de nuances possibles de la voix pour cette simple question : Viens-tu ? où peuvent s'exprimer l'espoir, la joie, l'invite, le doute, l'impatience, l'ironie, la colère (le « rog » se fait rogue), la surprise, la gêne, etc., perceptibles à l'oral, mais qui ne sont traduits sur le papier que par un seul signe graphique ? Au lecteur de se faire son propre cinéma.

> Atmosphère, atmosphère, est-ce que j'ai une gueule d'atmosphère ?

Nous avons tous dans l'oreille cette phrase interrogative (et d'anthologie) lancée par Arletty dans *Hôtel du Nord*, sur le ton de l'indignation, d'une façon qui n'appartient qu'à elle. Mais le seul point d'interrogation est une mince indication pour donner à quelqu'un qui ne l'aurait jamais entendue une idée de la manière dont elle a été dite. Nous mesurons là le fossé qui sépare l'oral de sa transcription à l'écrit.

Le point d'interrogation partage avec le point d'exclamation plusieurs privilèges. Il est redoublable : Viens-tu ?? et par là très insistant, et même multipliable :

> J'ai juste besoin de savoir ce que tu cherches vraiment : mon corps ou moi ?????
>
> Nick, *Des souris et un homme*

On peut s'interroger sur la pertinence de ce quintuplement. Pourquoi pas six, ou sept ? Peut-être s'agit-il d'une question de force 5 ? Notez qu'il est plus joli de coller les signes, mais ce n'est pas une obligation : ces redoublements, jugés fantaisistes par les typographes et les correcteurs, n'ont pas été codifiés par eux.

Le point d'interrogation peut également s'associer au point d'exclamation — (!?) ou (?!) —, comme dans ce passage d'*Au temps du fleuve Amour* où un adolescent est stupéfait que son copain ait discuté de sexualité avec une femme.

> Elle t'a parlé de ça ?!
>
> A. Makine

Osons proposer, pour cette association, le nom de « double point de stupéfaction ».

Alors, ça boume ?

Le point d'interrogation est le signe de l'interrogation directe :

> Veux-tu que je te prête mon bâton de rouge ?
>
> R. Vailland, *Beau Masque*

> Qu'est-ce que c'est que cette histoire de chien arrosé d'essence ?
>
> R. Gary, *Chien blanc*

> Alors les gars, ça boume ?
>
> J. Meckert, *Les Coups*

En principe, on ne l'utilise pas pour l'interrogation indirecte, qui n'est qu'une question rapportée et dont la force d'interpellation se trouve émoussée.

> Un jour j'ai demandé à Paulette depuis combien de temps elle était mariée.
>
> J. Meckert, *ibid.*

Cela n'empêche pas certains auteurs de l'utiliser, gommant (dynamitant ?) la distinction discours direct/discours indirect, qui paraît tout à coup bien artificielle.

> Ma mère, elle me trouvait bizarre, à voir ma mine, elle se demandait quelle maladie je pouvais couver ?...
> <div align="right">Céline, <i>Mort à crédit</i></div>

> Demande à ce fier soldat, me dit le général, s'il y a de l'artillerie dans le secteur, où, combien, quels régiments et s'il connaît l'emplacement des batteries les plus rapprochées ?
> <div align="right">B. Cendrars, <i>La Main coupée</i></div>

Une phrase affirmative peut être suivie d'un point d'interrogation, si l'auteur veut lui donner une tonalité interrogative. En voici un bel exemple pris dans un San-Antonio :

> Votre présence ici semblerait indiquer que l'affaire vous intéresse ?
> Trempe ton pain dans la soupe

À l'inverse, une phrase formellement interrogative peut ne pas être suivie d'un point d'interrogation, pour indiquer que l'intonation n'est pas montante en fin de phrase.

> Mais ne savez-vous pas cette sanglante histoire.
> La Thébaïde

Racine n'a mis qu'un point à cet alexandrin : il faut le lire comme une affirmation un peu lasse et, pour Créon, qui s'adresse ici à Antigone, le dire sans élever la voix à la fin ; cela n'empêche pas certains éditeurs modernes, souvent peu respectueux des auteurs, de mettre un point d'interrogation.

Le point d'interrogation peut marquer la fin d'une phrase. On parle alors de signe de clôture. Le mot suivant débute une nouvelle phrase et prend une majuscule.

> T'as fait un héritage, Félix ? Tu vas sur la Côte d'Azur ?
> J. Meckert, *Les Coups*

Mais il peut aussi (plus rarement) intervenir en cours de phrase ; celle-ci continue et le mot suivant prend une minuscule.

> Pour la première fois depuis que je vivais avec cette femme, j'eus quoi ? honte, oui, de sentir son bras enlacé au mien.
> M. Duras, *Le Marin de Gibraltar*

Quand la personne qui interroge répond elle-même à sa question, et c'est précisément le cas dans l'exemple ci-dessus, le point d'interrogation doit être suivi d'une minuscule. Mais cela est de moins en moins respecté, comme on peut le constater dans les deux exemples suivants, pris dans *Le Monde* :

> Le sujet de cette colère ? Tout ce qui blesse, détruit, humilie [...].

> Que sont ces vies ? Des parties perdues d'avance.

En revanche, dans le cas très fréquent où la phrase interrogative est suivie par une incise — « interroge-t-il », « demande-t-elle », etc. —, on ne met pas de majuscule et le point d'interrogation se place juste après l'interrogation :

> Et qu'est-ce qu'ils ont d'extraordinaire les nichons de ta sœur ? demandait l'un.
> B. Cendrars, *La Main coupée*

Une règle unanimement respectée, même par San-Antonio, qui prend par ailleurs beaucoup de libertés avec l'orthographe et la syntaxe :

> Vous déblayez le terrain ? m'enquiers-je.
> *Trempe ton pain dans la soupe*

Dans ces exemples, le point d'interrogation fait aussi office de virgule et rend la présence de celle-ci inutile. Mais il est de plus en plus courant d'en rencontrer une, surtout si le point d'interrogation est suivi d'un guillemet fermant, comme dans l'exemple ci-dessous :

> « Mais vous n'avez pas pensé à lui offrir, je ne sais pas, un bouquet de fleurs, par exemple ? », insiste le président.
> *Le Monde*

Usage critiquable, car cela fait trois signes de ponctuation à la suite sans nécessité.

La malchance vous poursuit ?

Les interrogations qui se succèdent confrontent l'auteur à un choix cornélien : doit-il placer un point d'interrogation après chaque question, suivi ou non d'une majuscule, ou se contenter d'un seul, à la fin du passage ? Tout dépend si ce dernier peut être tronçonné en plusieurs phrases sans dommage pour le sens, ou si, au contraire, cette opération ne se justifie pas, le passage entier formant plutôt une seule entité.

LE POINT D'INTERROGATION

Si chaque question peut former une phrase complète, et surtout si elle appelle une réponse particulière, on pourra répéter les points d'interrogation suivis d'une majuscule. C'est ce que choisit de faire un marabout sur son petit papillon imprimé, du type de ceux qui sont distribués dans la rue.

> La malchance vous poursuit ? Vous êtes perdu(e) ? Désespéré(e) ? Vous ne savez que faire ? N'hésitez plus !

Dans un tout autre registre, Clément Lépidis procède à l'identique.

> Pourquoi la paix entre les hommes n'était-elle pas possible ? Resterait-elle un mot à l'usage des livres et des discours ? Existait-il vraiment d'un côté de la barricade les bons, de l'autre les méchants ? Qui empêchait les hommes de régler leurs différends comme au sein d'une même famille ?
>
> *L'Arménien*

Si les différentes questions proposent une alternative ou un choix appelant une réponse unique, on préférera ne faire qu'une phrase...

> T'es en train d'pincer les fesses aux bonniches ou les portefeuilles zaux passants ?
>
> C. E. Gadda, *L'Affreux Pastis de la rue des Merles*

... quitte à insérer à l'intérieur de celle-ci un point d'interrogation séparant la question posée du choix lui-même.

> Qu'est-ce que vous boirez ? du blanc, du rouge ?
>
> E. Dabit, *L'Hôtel du Nord*

Nick, déjà cité, choisit une solution intermédiaire : une seule phrase hachée par des points d'interrogation successifs suivis de minuscules.

> J'ai préparé une série de questions mitraillette, histoire d'évacuer tout de suite les points importants : Ton âge ? t'es solo ? depuis quand ? qui est parti ? pourquoi ? tu fais quoi dans la vie ? t'as des enfants ? tu cherches quoi ici ?...
>
> *Des souris et un homme*

Nous sommes en présence de pas moins de huit questions dont chacune appelle une réponse particulière, qui se succèdent rapidement, donnant l'impression d'un interrogatoire serré, où l'interrogé (ici l'interrogée) n'a pas encore ouvert la bouche qu'une autre question arrive, donnant un effet « mitraillette » assez réussi.

Un signe envahissant

Si un passage interrogatif termine une phrase affirmative, celle-ci se finira par un point d'interrogation, et toute la phrase paraîtra interrogative, provoquant une certaine confusion :

> Je viens de lire *Où roules-tu, petite pomme ?*

Le titre en forme de question de ce roman de Leo Perutz achève la phrase, et son point d'interrogation a absorbé le point final normal. Si le titre est présenté entre guillemets, cette mésaventure ne se produira pas, le point final échappant à l'absorption :

> Je viens de lire « Où roules-tu, petite pomme ? ».

Dans l'exemple suivant, le point d'interrogation est repoussé après deux appositions (« le voleur des tanagras, un Belge ») et cet éloignement crée une ambiguïté : le lecteur hésite pour savoir sur quel segment de la phrase porte effectivement le point d'interrogation :

> À propos, et qu'est devenu l'autre secrétaire d'Apollinaire, le voleur des tanagras, un Belge ?
>
> <div align="right">B. Cendrars, <i>La Main coupée</i></div>

On pense d'abord à associer le signe interrogatif à « un Belge », avant de réaliser, par un petit retour en arrière, que l'interrogation ne porte pas sur la nationalité du secrétaire, mais bien sur ce qu'il est devenu.

Dans les deux cas qui précèdent, le point d'interrogation, « colorant » toute la phrase, se fait un peu envahissant.

Qui a peur des noyaux durs ?

La majorité des exemples qui illustrent ce chapitre relèvent de l'interrogation directe et réelle : une information, une confirmation sont attendues de la ou des personnes interpellées.

L'interrogation peut glisser vers l'introspection. L'auteur ou le personnage se soumet alors lui-même à la question :

> Je viens percer un cœur que j'adore, qui m'aime.
> Et pourquoi le percer ? Qui l'ordonne ? Moi-même.
>
> <div align="right">Racine, <i>Bérénice</i></div>

Ce questionnement intime n'est pas l'apanage des héros tragiques : dans le roman, il nous fait pénétrer dans la pensée du narrateur :

> Sitôt après, était-ce le soleil ? je ne pensais plus à parler à Jacqueline...
>
> M. Duras, *Le Marin de Gilbraltar*

Cependant, l'interrogation peut aussi se révéler fictive, comme un moyen d'attirer l'œil, et souvent cacher une affirmation. Elle relève alors de la rhétorique, de l'art oratoire, n'est plus une demande d'information mais un procédé tendant à entraîner le lecteur dans une direction bien précise. La presse fait grand usage de ces interrogations rhétoriques. Voici le début d'un article de Max Gallo dans *Le Figaro littéraire* :

> Mao ? Y a-t-il un personnage historique à la destinée plus fascinante ?

« Mao ? » phrase réduite à sa plus simple expression, raccourci, ellipse, accroche, invite à lire la suite... qui est une question à laquelle la réponse ne peut être que négative : non, il n'y a pas de personnage à la destinée plus fascinante que Mao. Chez M. Gallo, cela devient même un tic, car il « récidive », dans le même journal, à propos de l'Italie cette fois.

> L'Italie ? Qui ne croit connaître l'histoire de ce pays qui nous semble si familier ?

Prenons ce titre un peu énigmatique du *Monde* :

> Qui a peur des noyaux durs ?

Sans lire l'article (consacré à l'Europe financière), on subodore que la réponse est *personne*, le titre « subliminal » devenant : Personne ne craint plus les noyaux durs. Précisons que les titres interrogatifs sont rares dans *Le Monde* — pas plus d'un ou deux par numéro —, et encore plus rares quand il s'agit de la une. *Le Parisien* en raffole au contraire. Ces titres sont tout sauf de vraies questions, comme cette une d'octobre 2005 :

> Mais où est passé Chirac ?

Le Parisien savait parfaitement que Chirac ne s'était pas enfui à Baden-Baden, comme de Gaulle en 1968, et la question sensationnelle se réduisait à un banal : Chirac est bien discret ces temps-ci.

Ces questions trompeuses avec leur point accrocheur alertent le lecteur, qui bien souvent mord à l'hameçon. Et l'on se prend à penser qu'un point d'interrogation rhétorique serait bien utile pour éviter ces tours de passe-passe : pourquoi ne pas ressusciter le *percontativus* ?

En bref
LE POINT D'INTERROGATION

- *Marque l'interrogation directe.*
- *Est suivi d'une majuscule quand il est placé en fin de phrase.*
- *Est suivi d'une minuscule s'il intervient à l'intérieur de la phrase.*
- *Peut être doublé, triplé, et s'associer aux points de suspension et au point d'exclamation.*
- *Est précédé d'une espace fine et suivi d'une espace forte.*

Nous plaçons ce chapitre sous le haut patronage de Racine, le peintre des passions, de l'introspection et du cas de conscience, grand utilisateur du point d'interrogation.

Nous avons déponctué les premiers vers du monologue d'Hermione dans *Andromaque* (acte V, scène I). À vous de le reponctuer !

Nous donnons en page 192 la ponctuation originale de ce passage, et celle qui se trouve dans les éditions modernes, laquelle s'en éloigne en plusieurs points. Dans les deux cas, il y a 8 points d'interrogation.

> Où suis-je qu'ai-je fait que dois-je faire encore
> Quel transport me saisit quel chagrin me dévore
> Errante et sans dessein je cours dans ce palais
> Ah ne puis-je savoir si j'aime ou si je hais
> Le cruel de quel œil il m'a congédiée
> Sans pitié sans douleur au moins étudiée
> Ai-je vu ses regards se troubler un moment
> En ai-je pu tirer un seul gémissement

LE POINT D'EXCLAMATION

La touche Renaissance

Signe de toutes les émotions — enthousiasme, colère, étonnement… —, le point d'exclamation étend son registre bien au-delà de ce que suggère son nom. Le poète inspiré en parsème ses vers et l'adolescent du XXIe siècle en truffe ses courriels et autres textos, le multipliant à l'envi. Ce « clam » — surnom que lui ont donné typographes et correcteurs — est un signe plébiscité (nous nous appuyons sur une enquête tout à fait non scientifique menée dans notre entourage) : la plupart des sondés reconnaissent qu'ils en mettent souvent trop, mais accompagnent cette déclaration d'un sourire qui nous fait comprendre qu'ils ne sont pas près d'arrêter. Ne saurait-on s'en passer ou tout au moins réduire sa consommation ? Apparemment, ce n'est pas facile, et l'abus de « clam » peut être mis au rang des nouvelles addictions !!!

Le point d'exclamation, l'un des derniers-nés de la ponctuation, a vu le jour vers la fin du XIVe siècle, inventé par l'humaniste florentin Coluccio Salutati, qui s'est peut-être inspiré d'un signe hébraïque ou byzantin. Il reçut le doux nom d'*afetuoso* et arriva à point nommé, car les imprimeurs l'adoptèrent presque immédiatement. Étienne Dolet le mentionne dans son traité de ponctuation, sous le nom de point admiratif (!). Il précise qu'« il diffère peu en figure » du point d'interrogation (?), lequel va s'arrondir pour lever l'ambiguïté et faire une place au nouveau venu, longiligne et aérien. Curieuse ressemblance graphique pour deux signes nés à presque six siècles de distance, à des époques si dissemblables, le haut Moyen Âge et la Renaissance. Le point d'interrogation avait été inventé, dans un contexte de recul intellectuel, comme une aide à la lecture des textes du passé ; l'admiratif est né lors d'une période d'essor des idées, qui réclamait des signes neufs pour s'exprimer. Simplifiant tous deux la tâche du lecteur et établissant avec lui un lien de complicité, ils ont des correspondances secrètes, car leur traitement typographique et leur valeur syntaxique sont identiques et en font des compères. Ils peuvent être doublés ou triplés (!!!) (???) ; s'entremêler (!?!) (?!?) ; et s'associer aux points de suspension (!...) (?...).

Au risque d'en surprendre beaucoup, précisons que le point d'exclamation, comme le point d'interrogation, n'est pas forcément suivi d'une majuscule : on peut le trouver à l'intérieur de la phrase, suivi alors d'une minuscule.

Familier et lyrique

Qu'il intervienne dans la narration, les passages dialogués ou les pièces de théâtre, le point d'exclamation est dans tous les cas la marque visible de l'oralité, et assume une bien grande responsabilité tant sont nombreuses les nuances qu'il est censé exprimer. Il est très présent dans les romans qui adoptent une langue familière, et l'on pense immanquablement à Céline :

> Avec toute cette terrible poussière, on a fini en discutant, comme ça la gorge bien croustillante, par vider au moins dix, douze litres !... On est repartis en zigzag... Il était tout à fait tard ! Encore bien émus ! À la gare du Nord, on a eu le dernier train de justesse !...
>
> Céline, *Mort à crédit*

Également dans un registre de langue imagée, Raymond Guérin, sans passer au style direct et en utilisant toujours la troisième personne du singulier, nous fait entendre les récriminations intérieures de Monsieur Hermès :

> Depuis ce matin six heures, qu'il était debout ! Ses pauvres pieds ! Pas étonnant que les loufiats eussent les pieds plats ! Lui qui avait voulu préparer Polytechnique, commis de restaurant ! Quel salaud, son père !
>
> *L'Apprenti*

À l'opposé de cette prose parlée, l'écriture poétique se sert aussi de cet auxiliaire aux mille visages. Comme dans ces vers de Baudelaire, où le point d'exclamation apporte la touche finale — et pleine de promesses — à la vision du poète :

> Que j'aime voir, chère indolente,
>   De ton corps si beau,
> Comme une étoffe vacillante,
>   Miroiter la peau !
>
> *Les Fleurs du mal*,
> « Le serpent qui danse »

C'est le signe de l'envolée lyrique :

> Je te salue, vieil océan !
>
> Lautréamont, *Les Chants de Maldoror*

Associé au *ô* vocatif (qui peut cependant s'en passer), il ne fait pas corps avec lui :

> Ô souvenirs ! printemps ! aurore !
> Doux rayon triste et réchauffant !
>
> V. Hugo, *Les Contemplations*

Le point d'exclamation peut s'inviter à l'intérieur de la phrase si une portion seulement de celle-ci est exclamative ou si une interjection intervient dans le cours du texte. Il l'emporte sur la virgule, et la phrase continue (surtout, pas de majuscule après lui dans ce cas de figure) :

> Criez-le, que je n'ai pas de slip ! espèce de gros dégoûtant !
>
> R. Dubillard, *Les Diablogues*

Même règle si la phrase exclamative est suivie d'une incise :

> Vous êtes impayable ! pouffe Solange.
>
> San-Antonio, *Les huîtres me font bâiller*

Certains journaux ont tendance à en abuser dans les gros titres, jusqu'à leur donner un côté un peu racoleur (la presse « à sensation » en raffole). Il s'en trouve heureusement pour les distiller avec bonheur. Le point d'exclamation peut donner une touche ironique, alléger la portée de ce qui est dit, comme dans ce titre d'un papier sur les dessinateurs humoristes du *New Yorker* :

> L'humour, quel art !   *Le Nouvel Observateur*

Il renforce aussi le côté volontairement choquant d'un titre. Ainsi, une analyse des émeutes des banlieues en novembre 2005 s'intitulait :

> Haro sur l'étranger ! *Ibid.*

Signe en vogue aujourd'hui, il apparaît à certains (grammairiens, auteurs), comme une facilité qui permet à bon compte de « mettre le lecteur dans sa poche » et de donner au contenu un relief surfait. C'est donc en connaissance de cause qu'on laissera sortir de son stylo — ou de son clavier — cet élégant toujours svelte.

Ciel ! mon mari !...

L'auteur, quand il se décide à employer notre point d'exclamation, demande à son lecteur un rôle actif. D'autant plus actif que le texte est un dialogue et qu'il lui faut alors imaginer l'intonation et, pourquoi pas, la gestuelle qui découle de la présence de ce signe. Le lecteur se fait en quelque sorte « acteur ».

Un extrait d'un vaudeville de Labiche nous offre un petit éventail des emplois du point d'exclamation (avec le secours des indications de l'auteur et le renfort des points de suspension). Le rythme rapide nécessaire pour déclencher le rire se traduit par des répliques courtes, des phrases hachées, des interjections, mais aussi par une ponctuation abondante transcrivant les différents « états » des personnages, et qu'on peut qualifier de haletante. Dans *Un chapeau de paille d'Italie*, l'intrigue mène toute une noce — et le précieux chapeau, dont dépend l'honneur d'Anaïs — au poste de police :

FADINARD — Au violon !... ma noce !... et le chapeau aussi !... Comment faire ?
ANAÏS, *désolée* — Perdue !...
ÉMILE, *frappé* — Ah !... j'y vais... j'y vais... je connais l'officier !...
Il entre au poste.
FADINARD, *joyeux* — Il connaît l'officier !... nous l'aurons !...
Bruit de voiture.
BEAUPERTHUIS, *dans la coulisse* — Cocher, arrêtez-moi là !...
ANAÏS — Ciel ! mon mari !...

Dans ce passage hérissé de « clam », on peut repérer le point d'exclamation vecteur d'émotion : la stupéfaction : *Au violon !... ma noce !...* ; le désespoir : *Perdue !...* ; la joie : *Il connaît l'officier !...* On y trouve aussi le point d'exclamation qui accompagne l'assertion vigoureuse : *Je connais l'officier !...* ; l'injonction : *Cocher, arrêtez-moi là !...* ; l'interjection : *Ah !...* et *Ciel !*, qui n'acquiert toute sa saveur que suivi de *mon mari !...*

Mille millions de mille sabords !

Le point d'exclamation, seul, double ou triple, constitue une réplique à part entière, qui sera — plus ou moins — interprétable grâce au contexte :

— Oh ! pour Dieu, continua Harry en proie à la plus vive détresse, ne me parlez jamais de la transmigration du Moi.
— !!!... !!! insistâmes-nous.

A. Allais, *Vive la vie !*

Mis entre parenthèses (!), c'est un signal adressé au lecteur : l'auteur indique ainsi qu'il n'est pas dupe de ce qu'il écrit, qu'il en doute ou qu'il s'en étonne.

Le point d'exclamation fait normalement partie intégrante des interjections : *ah ! oh ! ho ! eh ! hé ! ouf ! euh ! hum ! bah ! hep ! ohé !* (liste non exhaustive). Même traitement pour les mots faisant office d'interjection : *hélas ! ciel ! ouste ! arrière ! hardi !* S'il s'agit de locutions interjectives, on le rejettera à la fin de la locution : *eh bien ! hé oui ! ah là là là ! mon Dieu !*

Eh bien constitue un cas à part, puisque cette locution peut se transformer en une sorte de conjonction. On différenciera en effet :

> Eh bien ! c'est ça ! dors !
> G. Feydeau, *Feu la mère de Madame*

> Eh bien, docteur, voilà, je suis venu à vous progressivement.
> R. Dubillard, *Les Diablogues*

Placées en début de phrase, interjections et locutions interjectives conserveront leur point d'exclamation, seront suivies d'une minuscule, et la phrase entière se terminera également par un point d'exclamation :

> Ah ! l'entêtement des femmes est terrible !
> G. Leroux, *Le Fauteuil hanté*

Les auteurs respectent peu cette règle et l'on trouve de nombreuses variantes. L'interjection garde son point d'exclamation, mais la phrase se termine par un point :

> Ah ! j'ai été un grand voyageur avant de m'établir au Petit-Montrouge.
>
> H. Calet, *Les Grandes Largeurs*

L'interjection est suivie d'une virgule, et le point d'exclamation est rejeté en fin de phrase :

> Ah, vous voulez que je vous pose des questions !
>
> R. Dubillard, *ibid.*

On pourra même trouver des phrases commençant par une interjection entièrement dépourvues de « clam » ; le ton est alors désabusé :

> Oh, c'est pas parce que vous êtes tout nu qu'il faut faire le malin.
>
> R. Dubillard, *ibid.*

Les onomatopées sont souvent agrémentées d'un point d'exclamation, mais ce n'est pas une règle, comme on le voit dans ces interventions onomatopéiques dans un dialogue qui mêle des clefs et une auto :

> Les clefs : Gling, gling, gling, gling, gling, gling, gling.
> L'auto : Couic ! - couic ! - couic ! - couic ! - couic ! - couic ! - couic ! - couic !
>
> R. Dubillard, *ibid.*

La transcription du rire peut varier suivant la nature de ce dernier : sonore *(ha! ha! ha!)* ; gras *(ho! ho! ho!)* ; retenu *(hi! hi! hi!)*.

Le point d'exclamation est aussi le compagnon des injures et des blasphèmes : *Merde! Nom de Dieu!* (à vous de continuer la liste…).

Et nous rendons ici un hommage appuyé à l'artiste des jurons qu'est le capitaine Haddock :

> Mille millions de mille sabords !
> Bougre d'ectoplasme à roulettes !!

Dans la bande dessinée — et dans la pub —, le point d'exclamation peut s'affranchir du texte et devenir un élément purement graphique. Sous le choc de la surprise, des points d'exclamation se dressent autour de la tête du capitaine (dans l'album *Objectif Lune*) et leur tracé devient tremblé, comme s'ils n'étaient pas seulement porteurs d'émotions, mais en étaient eux-mêmes affectés.

Interrobang

Rappelons l'existence du point *exclarrogatif* ou *interrobang* (en anglais, *bang* est l'équivalent de notre « clam »), cumulant les fonctions du point d'exclamation et du point d'interrogation. Ce signe (‽) n'a pas percé. Et l'on continue, en cas de phrase interro-exclamative, à privilégier le point d'exclamation.

> Où cela va-t-il s'arrêter, grand Dieu !
> A. Allais, *Allais... grement*

La combinaison point d'interrogation-point d'exclamation peut aussi se rencontrer, les deux signes cumulant leurs effets (!?).

En cas d'interrogation de pure forme (rhétorique), le point d'exclamation l'emportera :

> Est-ce assez vilain, un homme qui a peur !
> J. Renard, *Le Pain de ménage*

Sans transition (comme au « 20-Heures »), signalons qu'en espagnol, et à l'image de ce qui se fait pour la phrase interrogative, la phrase exclamative ou l'interjection est annoncée par un point d'exclamation renversé : ¡diga! (« allô ! »). Cette ponctuation à l'espagnole a toujours eu des partisans, comme Grimarest, qui écrivait en 1707 : « Ainsi je ne sais s'il ne serait pas avantageux pour le lecteur, que la marque de l'admiration, ou de l'interrogation précédât la phrase, plutôt que de la fermer. » Il n'a pas été écouté !

iiiiiiiiiiiiiiiiiiiiiiiiiii !!!!!!!!!!!!!!!!

Dans les blogs d'adolescents que nous avons consultés, la ponctuation a presque totalement disparu à l'exception du point d'exclamation. S'extasiant sur une photo de baskets, un bloggeur écrit :

> iiiiiiiiiiiiiiiiiiiiiiiiiii !!!!!!!!!!!!!!!!
> Elle dchire c pompe !!!!! y me fau les mm !!!!
> *[Traduction : Elles déchirent ces pompes !!!!! il me faut les mêmes !!!!]*

On peut ici constater l'invention d'une variante du point d'exclamation sous sa forme inversée que représente la lettre *i* : 27 *i* suivis de 16 points d'exclamation rendent compte de la poussée d'adrénaline déclenchée par la vision de ces chaussures.

San-Antonio, dans *Les huîtres me font bâiller*, a lui aussi utilisé ce graphisme exclamatif du *i* pour nous faire entendre « un

immense cri de délivrance » : *Vvvvouiiiiiiiiiiiiiiiiiiiiiiiiiiiiiiiiiii* !
couronné d'un modeste « clam ».

Certaines interventions de bloggeurs, même si elles restent du niveau des SMS de la *Star Ac'*, nous rassurent un peu sur l'avenir de l'expression écrite. Ainsi Damien, qui envoie le commentaire suivant sur le blog de Lucille :

> Je vote pour elle ; elle a l'air sympa et elle écrit les mots en ENTIER !!!

Notons l'usage du point-virgule, fort rare dans ces parages, et celui des majuscules pour renforcer le propos, le tout souligné de trois points d'exclamation (une dose extrêmement raisonnable).

Hop ! plouf ! et zut !

Pour terminer, pas d'exercice de reponctuation cette fois, mais un nouvel éclairage sur le point d'exclamation que nous donne Roland Dubillard.

Un et Deux sont sur le point de plonger dans une rivière :

> Deux : La vérité c'est que vous êtes incapable de dire « Hop » d'une manière convenable.
> Un : Je dis « Hop » comme on m'a appris à le dire à l'école : Hop ! avec un point d'exclamation au bout.
> Deux : Je n'ai pas entendu le point d'exclamation.
> Un : Le point d'exclamation, si vous aviez plongé, c'est l'eau qui devait le faire. Il y a un point d'exclamation après « Hop », parce que ça doit faire une gerbe.
> Deux : Vous confondez avec « plouf ».

Un : Mais non, « Plouf », c'est le bruit du point d'exclamation qu'il y a après « Hop ». Et puis, zut !
Deux : Et le point d'exclamation qu'il y a après « zut », qu'est-ce que c'est ? « Zut », ça fait aussi une gerbe ?
Un : Non, après « zut », le point d'exclamation qui vient, il ne représente pas une gerbe, il représente un coup de pied au derrière. Et même, un coup de pied au derrière qui ne va pas tarder.

Les Diablogues

En bref
LE POINT D'EXCLAMATION

- *Marque le plus souvent la fin de la phrase.*
- *Doit être suivi d'une minuscule s'il intervient à l'intérieur de la phrase.*
- *Peut être doublé ou triplé et s'associer aux points de suspension et au point d'interrogation.*
- *Est indissociable de l'interjection.*
- *Est précédé d'une espace fine et suivi d'une espace forte.*

LES POINTS DE SUSPENSION

Un éloquent silence

« Un point, c'est tout, et trois points, ce n'est pas tout. » En quelques mots, Paul Claudel règle leur sort aux points de suspension, qu'il avait « en horreur », à l'instar de Stéphane Mallarmé. Moins définitif, San-Antonio s'en moque comme des « parents pauvres de la ponctuation ». Sans partager cette détestation, nous avouons les biffer parfois et les remplacer par un plus sobre point final, tant ils semblent souvent trop faciles, trop tape-à-l'œil. Et nous le faisons avec d'autant moins de scrupules que ce signe n'est pas menacé de disparition, bien au contraire ! les stylos en possédant des réserves inépuisables...

Le XVIIe siècle a vu naître le « point interrompu », première mouture des points de suspension : le nombre de points formant ce signe ne fut pas fixé d'emblée. En ces temps moins standardisés, il variait selon l'inspiration de l'auteur ou du typographe, pouvant aller jusqu'à six ou sept d'affilée. Il s'est stabilisé à quatre, puis à trois au XXe siècle, dans un élagage continu.

Comme l'explique au XVIIIe siècle le grammairien Grimarest, le point interrompu, dans un dialogue, « sert à couper le sens d'une expression, par une nouvelle qui a un sens différent ». Et l'auteur ajoute que « le discours peut être interrompu par la personne qui parle, ou par celle à qui l'on parle ».

Le point interrompu intervient également pour reproduire (autant que faire se peut, à l'écrit) la gêne, l'hésitation, les accidents de la parole sous l'effet de l'émotion, de la surprise, d'un trouble quelconque. Dans tous ces cas, il marque un blanc momentané ou définitif.

Sortant du strict domaine du dialogue, il va s'insinuer dans la narration, et y occuper de nouveaux emplois : signal au lecteur que tout n'a pas été dit, que le sens est seulement « suspendu », qu'il doit prolonger lui-même la phrase par l'imagination. Du fait de cette évolution, on va le rebaptiser au début du XXe siècle « points de suspension » (les « sus » dans le jargon de l'imprimerie), faisant par la même occasion passer ce signe du singulier au pluriel.

Les points de suspension n'indiquent pas seulement un manque, un moins, mais peuvent aussi se comprendre comme un appel à continuer, un plus en pointillé laissé à la charge du lecteur. Ce dernier emploi en fait le signe le plus « interactif », celui qui requiert le plus d'effort d'interprétation.

Leur polyvalence rend très varié le jeu des points de suspension avec les autres signes, les capitales et les espaces typographiques.

Ils sont collés au mot qui précède, et suivis d'une espace forte.

Ils peuvent clore une phrase et sont alors suivis d'une capitale. En concurrence avec le point final, ils l'absorbent — les deux ne s'additionnant pas pour donner quatre points.

En milieu de phrase, ils sont suivis d'une minuscule, et cohabitent parfois avec une virgule (…,).

Ils s'associent souvent avec les points d'exclamation et d'interrogation, sans espace entre eux (!...) (?...), formant alors une sorte de signe composite. Dans le cas, plus rare, où points d'exclamation ou d'interrogation suivent les points de suspension, ils en sont séparés par une espace fine (... !) (... ?).

Points de... suppression

Les points de suspension ont beau cumuler les emplois, il n'en reste pas moins que leur « métier de base » est de marquer l'absence.

Ils signalent l'inachèvement volontaire d'un propos dans le discours direct, quelle qu'en soit la raison :

> À ces mots Maurice éclata :
> « Ma tante de Saint-Fain ! Je lui conseille de se scandaliser ! Tout le monde sait qu'elle a rôti le balai jusqu'au manche, et maintenant cette vieille hypocrite voudrait... »
>
> A. France, *La Révolte des anges*

Maurice renonce lui-même à terminer sa phrase, à laquelle il manque manifestement (et pour l'éternité) une proposition relative.

Les points de suspension prennent la place d'un mot que l'auteur se refuse à mettre en toutes lettres, souvent pour des raisons de prudence ou de décence (réelles ou fictives). Dans ce cas, les « sus » courent sus aux gros mots :

« Le Bon Dieu, mais c'est un... »
Ici un mot que, désirant ne point, même indirectement, froisser les convictions religieuses, peut-être, d'une partie de notre clientèle, nous nous empressons de n'insérer point.
A. Allais, À la une !

Parfois, ils ne remplacent qu'une partie du mot :

— Comment sacr... ! Je m'étonne que vous l'ayez cru [...].
Casanova, Histoire de ma vie

L'auteur peut même ne garder que la seule lettre initiale du mot, comme Sartre avec le titre de sa pièce *La P... respectueuse*. Notons que, dans tous ces exemples, le lecteur cherchera instinctivement à combler les vides, mais que cette opération est laissée à son entière responsabilité...

Les points de suspension servent aussi à ne pas indiquer le nom d'un personnage ou d'une localité. Ils suivent la lettre initiale dudit nom...

Maintenant, A... est entrée dans la chambre, par la porte intérieure qui donne sur le couloir central.
A. Robbe-Grillet, La Jalousie

... ou un X, Y, Z destiné à le laisser dans le vague (dans ces fonctions, ils ne sont pas loin du point d'abréviation).

J'avais près de seize ans quand je rencontrai une jeune fille de mon âge, Simone, sur la plage de X...
G. Bataille, Histoire de l'œil

Les points de suspension, abrégeant une énumération qui

pourrait être longue, équivalent à « etc. ». Cet emploi est très fréquent dans la presse. À l'intérieur de la phrase, ces trois points peuvent être suivis d'une virgule :

> [Cette traque du poil] va de pair avec la traque du surpoids, de la cellulite, du cholestérol..., de toutes ces imperfections réelles ou imaginaires du corps.
>
> *Le Monde*, « Poils à cacher »

Autre exemple, tiré du *Figaro*, où les points de suspension de fin d'énumération terminent aussi la phrase :

> *Désert américain* [est une] énorme farce burlesque dans laquelle Everett tourne en ridicule, pêle-mêle, le milieu universitaire, les pompes funèbres, les fanatiques religieux, l'armée, les forces de l'ordre... Un véritable jeu de massacre.

Que manque-t-il dans cette énumération ? les fabricants d'armes et les avionneurs ?

Faire suivre « etc. » de points de suspension (comme cela arrive souvent) est une redondance, puisque les deux ont le même sens. Mais il peut y avoir des exceptions, quand par exemple une suite d'« etc. » formant énumération demande à être à son tour interrompue :

> « Électeurs, si vous votez pour les gens du Bloc, si vous donnez aux gredins qui nous gouvernent cette marque de confiance, soyez assurés qu'avant huit jours toutes les pièces de cent sous portant en exergue : *Dieu protège la France*, seront refusées aux guichets de l'État. » Etc., etc., etc...
>
> A. Allais, *À la une !*

Les points de suspension servent parfois — emploi plutôt réservé à la virgule — à l'ellipse d'un mot (ici, *sont* ou *étaient*) :

> Leurs seuls abris... des tentes aux couleurs rances.
>
> V. Segalen, Peintures

Dans tous ces exemples, les points de suspension sont collés à la lettre qui les précède. Mais les codes mentionnent un cas devenu exceptionnel : les « sus » remplaçant un (gros) mot que l'on veut taire sont traités comme ce mot l'aurait été, avec une espace forte avant et après :

> — Ça me fait vraiment ... de partir !
>
> Guide du typographe romand

Points de... mutisme

Les points de suspension servent de « réplique muette » dans un dialogue, quelle que soit la raison dudit mutisme (surprise, ignorance, hésitation, indifférence, etc.). Ils sont la traduction sur le papier d'un silence que l'on suppose accompagné d'une mimique :

> — Veux-tu que je te parle, mon chéri ?
> — ...
> — J'ai une idée. Tu verras, tu ne perdras pas ton argent.
> — ...
>
> A. Allais, À se tordre

Points... d'interruption et de reprise

Les points de suspension signalent, dans un dialogue, l'interruption d'un interlocuteur, par lui-même ou par un autre. Dans *Andromaque*, de Racine (acte III, scène III), Hermione s'interrompt, après « exploits », pour reformuler sa pensée, puis sa confidente, Cléone, la coupe.

> HERMIONE
> Sais-tu quel est Pyrrhus ? T'es-tu fait raconter
> Le nombre des exploits... Mais qui les peut compter ?
> Intrépide, et partout suivi de la victoire,
> Charmant, fidèle enfin, rien ne manque à sa gloire.
> Songe...
>
> CLÉONE
> Dissimulez : votre rivale en pleurs
> Vient à vos pieds, sans doute, apporter ses douleurs.

Hermione n'aura pas l'occasion de terminer sa phrase.

Si le discours continue malgré l'interruption, il faudra placer des points de suspension de « reprise ». Cas très fréquent dans les comptes rendus de séances parlementaires, même fictives :

> **M. le ministre de la rage de dents.** — Je sais bien que la suppression des tournevis va entraîner de graves désordres dans nos départements miniers qui seront ainsi réduits au chômage. Cette situation ne nous est pas passé inaperçue et le gouvernement

vous présentera, en même temps que la loi supprimant les tournevis, un texte destiné à pallier ses inconvénients...
Une voix à droite. — Si vous n'aviez pas arrêté le vent d'Est nous ne serions pas là...
M. le ministre de la rage de dents. — ... qu'il ne faut pas exagérer.

B. Péret, *Ici l'on rase gratis*

Notons l'espace forte après les « sus » de reprise et l'absence de capitale.

Un interlocuteur peut s'interrompre lui-même, pour reprendre plus loin son propos :

> « Vous ne me facilitez guère la tâche, monsieur Nestor Burma, gémit-elle, avec reproche. Vous ne comprenez donc pas à quel point il m'est pénible de... »
> Elle ferma le poing et frappa avec rage contre le bras du fauteuil :
> « ... Vous ne voulez pas faire un effort ? Essayer de comprendre à demi-mot ? Vous voulez m'obliger à mettre les points sur les *i* ? »

L. Malet, *Pas de bavard à la Muette*

Les points de suspension, puis de reprise, peuvent servir de liaison entre deux scènes séparées dans le temps, sorte de raccourci cinématographique :

> À midi, le procès était terminé : acquitté...
> ... Il est entré au mess accompagné du lieutenant-colonel Marquez et de quelques membres de la Cour qui lui faisaient comme une escorte.

L. Guilloux, *O. K., Joe !*

Ils permettent aussi, dans la presse, de relier deux titres qui se répondent, procédé qui se rapproche du fondu enchaîné :

100 000 visiteurs au Petit Palais...

... et 250 000 personnes au Grand Palais
Le Monde

Placés au début d'une nouvelle, d'un roman, les points de suspension « raccordent » à une partie antérieure fictive, comme si le lecteur « prenait en route » une narration déjà commencée :

> ... Depuis la veille, on n'avait rien mangé. Tout le jour, nous restâmes cachés dans une grange, serrés les uns contre les autres pour avoir moins froid, les officiers mêlés aux soldats, et tous abrutis de fatigue.
> G. de Maupassant, Souvenir

Points de... trouble et d'hésitation

Les points de suspension s'efforcent de rendre les arrêts qui hachent la parole, les débits saccadés sous l'effet de l'émotion, les halètements, les balbutiements, en bref le verbe décousu. Ici, ils traduisent la reprise de souffle après des sanglots :

> — C'était un bon copain... Mon meilleur copain... Et moi je ne peux pas laisser ça là, quand même. Je suis sûr qu'ils l'ont tué... Et nous, on n'a personne pour nous défendre... Même à la maison. Tout le monde est contre nous...
> J. Meckert, Je suis un monstre

Ils signalent aussi les hésitations d'un interlocuteur, son embarras, sa gêne à dire les choses clairement :

> Monsieur l'abbé, une dame, qui se trouvait alors près de moi, et qu'il est inutile de nommer, l'a également vu et entendu. Et, de plus, elle a senti les doigts de l'ange qui se... qui s'égaraient sous... Enfin, elle les a sentis... Croyez-moi, monsieur l'abbé, rien n'est plus vrai, rien n'est plus réel, rien n'est plus sûr que cette apparition.
>
> A. France, La Révolte des anges

Ils traduisent la légère pause d'un personnage qui cherche le mot juste...

> — Je suppose, dit Noblet, que je peux partir... comment dirais-je... à l'anglaise...
>
> R. Vaillant, Beau Masque

... ou qui tergiverse avant de faire un aveu difficile :

> Elle hésite.
> — C'est que... je repars demain.
> — Ah !
> Une fêlure instantanée.
>
> A. Hardellet, Lourdes, lentes...

Les points de suspension ont aussi une fonction purement technique de signalement de passages supprimés. Entre crochets [...], ils indiquent qu'un passage d'une citation a été enlevé par la personne qui cite (c'est le procédé que nous employons). Les points de suspension entre parenthèses (...) ne devraient en théorie servir que dans les cas de coupures effectuées par l'auteur lui-même. Mais l'usage s'impose, peu à peu, de ne plus utiliser, pour les coupures, que des parenthèses.

Points de... mise en suspens

En parfait accord avec leur nom, les points de suspension... suspendent le récit, copie conforme de la figure de rhétorique dite de suspension (« qui consiste à tenir les auditeurs en suspens, pour leur dire ensuite des choses inattendues », nous dit le dictionnaire de l'Académie de 1776). La presse les utilise sans modération, les écrivains ne les dédaignent pas. Agissant à l'intérieur de la phrase, ils ne sont pas signe de clôture et ne doivent surtout pas entraîner une capitale, qui gâcherait l'effet recherché :

> Vu la conjoncture, il va falloir songer aux 35 heures... par jour.
> *Le Canard enchaîné*

> La plupart des mammifères ont des poils partout... sauf justement là où en a notre propre espèce.
> *Le Monde*, « Poils à cacher »

> Il mit un costume noir, attendit indéfiniment et... s'endormit dans une pose de gladiateur vaincu.
> A. Makine, *Au temps du fleuve Amour*

> Ça pouvait tout sauver... ou tout perdre.
> J. Giono, *Un de Baumugnes*

Il n'est pas rare, pourtant, de les voir suivis d'une majuscule, comme dans cet extrait du *Canard enchaîné* :

> Devenus boulimiques, les consommateurs en redemandent... Mais ils renâclent à payer.

Le lecteur, mis en alerte, se casse le nez sur le « M » qui débute une nouvelle phrase, contre toute attente.

Points de... suggestion

Placés en fin de phrase, les points de suspension peuvent inviter le lecteur à continuer celle-ci, à lui trouver une suite volontairement informulée par l'auteur. Le passage qu'ils affectent est entier, fini, et il aurait pu se conclure sur un simple point, mais les « sus » l'augmentent, lui donnent une charge supplémentaire, parfois de façon un peu facile, ou gratuite, voire ambiguë. La phrase reste entrebâillée : au lecteur de continuer le développement, d'imaginer la scène, etc., comme dans les deux exemples suivants.

> Une large place est accordée à la photographie et à l'infographie. « *Cette structure de plusieurs cahiers est un formidable terrain de jeu pour la publicité* », affirme M. Conte. Dans un marché publicitaire déprimé, l'idée est bien sûr d'attirer davantage d'annonceurs...
> Le Monde
>
> *[À propos de la nouvelle formule du* Figaro, *en octobre 2005, présentée par ses dirigeants comme destinée à mieux faire « rentrer » la pub.]*

Il y a toute la relation de la presse avec la publicité dans ces trois points. Faut-il les prendre pour de l'ironie à l'égard d'un confrère et néanmoins concurrent, ou au contraire comme le signe d'une discrète solidarité ?

> Et c'est au cours de cette fête, face à la mer apaisée et silencieuse, par un clair de lune parfait, sur la terrasse déserte où ne parvenaient plus qu'atténués les accords de la musique que Princilla lui abandonnerait ses lèvres...
>
> <div align="right">R. Guérin, <i>L'Apprenti</i></div>

S'il n'y avait pas ce conditionnel pour gâcher la fête, ces trois points seraient le sésame de toutes les extases...

Parfois, ces points de suspension ressemblent au procédé cinématographique d'arrêt sur image : restez un peu sur cette idée, cette somme, cette date, et pensez à tout ce qu'elle implique. C'est aussi un moyen de faire l'économie d'un développement.

> On venait de lui proposer deux cent mille dollars pour jouer le rôle principal dans *Paint your Wagon*, film d'Alan J. Lerner, avec Lee Marvin, budget : vingt millions de dollars...
>
> <div align="right">R. Gary, <i>Chien blanc</i></div>

Vingt millions de dollars... vous vous rendez compte de la somme que cela représente ?

> On apprend par exemple que le caractère appelé Peignot fut créé par le grand affichiste Cassandre, dont les œuvres graphiques et typographiques faisaient dire à Blaise Cendrars avec quelque imprudence que « *la*

publicité est la plus belle expression de notre époque » ; c'était en 1928...

Le Monde

L'eau a coulé sous les ponts depuis 1928... : qui s'aventurerait à dire la même chose maintenant ?

Points... affirmatifs

Souvent, les points de suspension concluent des phrases très affirmatives, ne laissent pas de place au doute, invitant plutôt le lecteur à abonder dans le sens de l'auteur. Ils sont alors très proches du point d'exclamation, font même penser à des « super-points ».

> — Vous me donnez l'impression de vendre la peau de l'ours, monsieur Loudain. Trente-cinq pour cent des votants au deuxième tour, qui ne représentent eux-mêmes que soixante pour cent des électeurs inscrits, vous êtes encore loin de la majorité absolue...
> G. Delteil, *Mort d'un satrape rouge*

... Ne me dites pas le contraire, monsieur Loudain. *Le Canard enchaîné*, à propos de l'éventuel désamiantage du porte-avions *Clemenceau* en Inde, écrivait :

> Une vraie saloperie qu'il fallait de toute urgence fourguer à un pays dont le grand avantage est qu'il ne dispose d'aucune législation sur l'amiante...

Le *Clemenceau* a fait demi-tour, mais les ouvriers des chantiers indiens n'en continuent pas moins à s'empoisonner à l'amiante !

Trois points à la « une »

La presse fait un usage assez parcimonieux des points de suspension (comme des autres signes de modalité) dans ses titres de une, car leur surabondance lasserait sans doute vite le lecteur et leur ferait perdre toute attractivité. Ils y ont surtout une fonction d'appel : quel raisonnement, quel développement ces trois points dissimulent-ils ? pour le savoir, il faut lire l'article !

> La mondialisation, c'est aussi une chance...
> *Le Parisien économie*

Comment ne pas lire la suite, après une telle invite ?

> Rien n'a changé...
> *Le Figaro littéraire*

[À propos des rentrées littéraires qui se suivent et se ressemblent.]

Le type même du titre passe-partout : mais quel intérêt de continuer à lire si... rien n'a changé ?

> Loin de Ceuta et Melilla...
> *Le Monde*

Ce titre figurait à la une en octobre 2005, juste après les événements intervenus dans les enclaves espagnoles en Afrique du Nord : titre énigmatique, presque poétique, en décalage avec le contenu de l'article, qui décrivait les filières d'immigration subsahariennes.

Les points de suspension céliniens

Dans les années 1930, Céline donne aux « sus » leurs lettres de noblesse : ils sont sa marque de fabrique, son système. « Mes trois points sont indispensables […] à mon métro ! […] Pour poser mes rails émotifs !… », a-t-il dit. Il a aussi parlé à leur sujet du pointillisme de Seurat.

> J'avais jamais vu Nora en toilette claire, corsage moulé, satin rose… ça faisait bien pointer les nénés… Le mouvement des hanches c'est terrible aussi… L'ondulation, le secret des miches…
>
> *Mort à crédit*

Portées par les points de suspension, les phrases céliniennes s'échappent, forment un flot ininterrompu, épousent les sautes de la pensée, et entraînent le lecteur dans l'univers du narrateur.

Le Grevisse a joliment dit qu'ils rendaient le « cheminement capricieux du monologue intérieur ». Un cheminement qui désagrège la phrase classique et ignore le point final…

Les usages les plus récents des points de suspension, qui se sont surtout développés au XXe siècle, en font un signe éminemment moderne, appelant souvent des comparaisons avec la technique cinématographique. Ils peuvent désormais tenir tant de rôles que l'on se demande comment un Rabelais ou un Montaigne, pour ne pas remonter plus loin, ont pu s'en passer ! Il ne faudrait pas en déduire qu'ils renferment le pouvoir magique de transformer le texte le plus banal en chef-d'œuvre !

En bref
LES POINTS DE SUSPENSION

- *Indiquent la suppression d'un mot, d'une partie de mot ; l'interruption brusque dans un dialogue ; une réplique muette.*
- *Matérialisent les accidents du langage.*
- *Créent un effet d'attente en cours de phrase.*
- *Laissent le sens ouvert en fin de phrase.*
- *Placés à l'intérieur de la phrase, ils sont suivis d'une minuscule ; en concurrence avec un point, ils l'absorbent ; ils peuvent cohabiter avec les points d'exclamation et d'interrogation (!...) (?...), et même avec la virgule (...,).*

LE DEUX-POINTS

Le mal-aimé

Le fameux : « Deux-points, ouvrez les guillemets ! » ravivera sans doute quelques souvenirs d'école. À l'heure de la dictée, cette injonction nous mettait en alerte : une citation ou des propos rapportés allaient suivre... et les plumes Sergent Major se remettaient à crisser. Nous portions des blouses aussi, mais cela n'a aucun rapport.

Ces points jumeaux alignés verticalement forment ce que les typographes appellent, sans avoir beaucoup sollicité leurs neurones, le deux-points (il n'a même pas d'abréviation). Un nom passe-partout pour un signe qui ne se fond pourtant pas dans la masse du texte : précédé d'une espace fine, souvent placé au milieu de la phrase, il sait se faire remarquer.

On le repère dans des manuscrits dès le haut Moyen Âge, mais il ne s'impose qu'à partir de la Renaissance avec une fonction qui n'est pas encore tout à fait fixée et qui équivaut tantôt à notre virgule, tantôt à notre point-virgule, et cela jusqu'au XVIIIe siècle. Il se stabilise alors. D'une part, il sert à annoncer le passage au style direct et introduit les citations ; d'autre part, il joue un rôle d'organisateur, de pivot (salut, Bernard !) de la phrase — ou de la proposition —, le *thème* et le *rhème* se répartissant de part et d'autre du deux-points. Ces deux termes grammaticaux désignent pour le premier le point de départ de l'énoncé et pour le second les informations nouvelles qu'on va apporter.

La presse fait grand usage du deux-points dans ses titres et sur-titres, quand la majorité des écrivains ne s'en servent qu'avec parcimonie ; ce signe déclenche même des réactions de rejet. S'il pouvait chanter, il entonnerait sans doute « Je suis le mal-aimé... ».

Un signe « technique »

Sa fonction d'annonciateur de propos rapportés — en alliance avec les guillemets ou le tiret, parfois avec l'italique ou le gras — répond à un souci de clarté de la lecture. Le deux-points joue alors le rôle du warning (nous pardonnera-t-on cet anglicisme ?) : attention ! ce qui suit a été dit ou écrit par quelqu'un d'autre ; je ne fais que rapporter ses propos.

Le deux-points, associé à des formules telles que « il dit », « il demande », etc., et suivi des guillemets, est la configuration la plus courante.

> Il y a quelques jours, au restaurant, le fils du patron, un petit garçon de sept ans, criait à la caissière :
> « Quand mon père n'est pas là, c'est moi le Maître. »
> **J.-P. Sartre,** *Les Mots*

Ce deux-points annonciateur est souvent accompagné de tout un arsenal typographique — passage à la ligne, alinéa, guillemets, tiret, majuscule.

S'il introduit une citation complète, il doit être suivi d'une majuscule. Dans le cas du discours intérieur, la majuscule est également justifiée.

> Et je me disais : Quel dommage que toutes les rues de Paris ne soient pas bâties comme la rue de Rivoli...
> A. Allais, *À se tordre*

Lorsque la citation est partielle, on ne mettra pas de majuscule et l'on pourra même supprimer le deux-points si l'on utilise des guillemets.

Pour tout ce qui concerne la ponctuation du discours direct et des citations, reportez-vous au chapitre « Paroles, paroles, paroles... ».

Autre usage « utilitaire » du deux-points, l'annonce d'une énumération. Il joue là encore son rôle de metteur en scène :

> Le fait est que j'avais tout pour moi : physique avantageux, manières affables, vive intelligence des affaires, de la conversation, aperçus ingénieux, vives ripostes, et (ce qui ne gâte rien) une probité relative ou à peu près.
> A. Allais, *ibid.*

> Le résultat était là : à 39 ans je ne savais pas sauter, j'avais peur de franchir une toute petite crevasse, je ne savais pas nager, je ne savais pas danser.
> M. Rodinson, *Souvenirs d'un marginal*

Même organisation de la phrase, pour obtenir des effets opposés.

Quittons la littérature pour des utilisations plus prosaïques, comme dans les livres pratiques.

Devenir propriétaire à Paris établit un hit-parade des arrondissements les plus agréables et le présente ainsi :

> Le classement était le suivant : 6e, 5e, 1er, 4e...

Même principe pour les recettes de cuisine :

> Pour 4 personnes :
> 1 daurade de 1,5 kg vidée
> 1 bulbe de fenouil...

Dans ces deux cas, le deux-points permet une grande économie de moyens : pas de verbes ni de conjonctions superflus.

Pour des énumérations plus élaborées, scientifiques par exemple, on aura souvent recours au deux-points suivi d'une numérotation ou de tirets (avec ou sans passage à la ligne) :

> Si l'on s'en tenait au point de vue purement morphologique, on pourrait se contenter de définir : I. *le relief disséqué* (montagne, djebel, adrar) et II. *la surface horizontale* (hammada ou reg).
>
> Th. Monod, *Méharées*

C'est sans doute à cause de ces emplois (annonce des énumérations, des citations...) que le deux-points a pu être perçu comme un signe « technique » incapable de véhiculer l'émotion.

Une efficacité redoutable

Laissons ces zones un peu arides pour aborder de plus riants rivages, plus littéraires aussi. Le deux-points scinde la phrase en deux parties de longueurs variables : une exposition en amont du deux-points, débouchant sur un constat, une explication, une paraphrase... qui parfois tient en un seul mot, en aval (cette répartition peut s'inverser, la conclusion étant donnée d'emblée : le rhème arrive alors avant le thème !) :

> Entre la basse débauche et l'adultère, Gaston de Puyrâleux n'hésita pas une seconde : il choisit les deux.
> A. Allais, *Vive la vie* !

Yves Bonnefoy, dans *Le Nouvel Observateur*, renvoie après le deux-points le mot qu'il veut mettre en valeur :

> L'art est facilement une incitation à ce rêve lucide, à ce bonheur malheureux : la mélancolie.

Tout comme Sacha Guitry, qui écrit dans *Le Roman d'un tricheur* :

> Au casino règne un dieu : le Hasard !

À travers ces seuls exemples, on peut constater la redoutable efficacité du deux-points : le raccourci qu'il permet d'opérer donne à la phrase un rythme vif et rend le propos percutant. Il dynamise la pensée et, en même temps, la radicalise, la dramatise. Il prépare le lecteur à apprécier la chute. Inutiles les *et, car, donc, c'est-à-dire, c'est pourquoi, parce que, bien que*, etc. : de par sa seule présence, le deux-points lie logiquement les deux membres de la phrase.

On a pu lui trouver un côté « donneur de leçons » que certains auteurs ont souligné, comme George Sand, qui ne l'aimait pas. C'est le deux-points « moralisateur » des *Fables* de La Fontaine :

> Il faut, autant qu'on peut, obliger tout le monde :
> On a souvent besoin d'un plus petit que soi.
> « Le Lion et le Rat »

D'un point de vue stylistique, son abus peut produire un ton abrupt ou péremptoire, l'auteur semblant dire : voilà ce que vous devez comprendre, ce qu'il faut retenir. Comme le fait Lionel Jospin quand il écrit, après le référendum sur la Constitution européenne de mai 2005 :

> Ce non est un fait politique majeur qui emporte une conséquence juridique immédiate : le traité constitutionnel européen est mort.
> *Le monde comme je le vois*

Le doute n'est pas permis, le docteur Jospin a constaté le décès.

S'interrogeant sur ce qu'il faut donner à lire aux enfants, Charles Dantzig, dans son *Dictionnaire égoïste de la littérature française*, n'hésite pas une seconde :

> La réponse est simple : ce qui n'est pas de leur âge.

Le deux-points se fait chez lui le complice de nombreuses formules à l'emporte-pièce :

> Le journaliste moyen qui vous a posé une question n'écoute pas votre réponse : il écoute son préjugé.

On peut dire que le lecteur est pour le moins « guidé » vers ce qu'il faut penser : cela devient une sorte d'estampille — pour les admirateurs —, ou un tic — pour les contempteurs. Cette marque de fabrique mériterait un nom : couloir de Dantzig…

Malgré ces quelques restrictions, la concision et la vigueur qu'apporte le deux-points en font un auxiliaire précieux, que ce soit pour exprimer clairement sa pensée, pour provoquer un effet de surprise, pour déclencher le rire ou le sourire. Certains s'en sont aperçus, qui le manient avec art. Serge Valletti et San-Antonio, dans les passages qui suivent, organisent le passé et le présent autour du deux-points, obtenant un effet de raccourci un peu brutal :

> Va trouver du travail je m'étais dit. Je ne rentrerai que quand j'aurai trouvé du travail. J'en ai pas trouvé : je suis pas rentré.
>
> **S. Valletti,** *Six Solos*

> Il fut mon amant : il est resté mon complice.
>
> **San-Antonio,** *La vieille qui marchait dans la mer*

Alphonse Allais, ciseleur de courts textes humoristiques qui paraissaient dans la presse, y a recours pour renforcer l'effet comique :

> Je ne sais pas ce que j'ai depuis quelque temps : mon cerveau, si fertile d'ordinaire en idées ingénieuses de toutes sortes, est plus fertile encore.
>
> *Allais... grement*

Dans l'exemple qui suit, la dernière assertion prend toute sa force rejetée derrière le deux-points.

> Il était sans perspectives, sans projets ; et pire que tout : sans la moindre ambition.
>
> **San-Antonio,** *ibid.*

> Silence : avec la lumière le bruit s'est arrêté aussi, celui de la mer.
>
> **M. Duras,** *L'Amour*

Ici, c'est au contraire le mot unique précédant le deux-points qui se détache dans son superbe isolement, le « silence » planant sur le second membre de la phrase.

Deux-points en cascade

Le pouvoir du deux-points n'a pas échappé à la presse, qui en pimente sa « titraille ». Il est irremplaçable pour résoudre l'équation : concision obligée et appréhension immédiate du sujet traité. Ville ou pays, thème, personnalité... sont mis en exergue :

Pakistan : la tragédie *Le Point*

Police, immigration, laïcité : les projets de Sarkozy
Le Monde

SNCF : quand les syndicats déraillent
Le Nouvel Observateur

Jacquelin : bienvenue au club *L'Équipe*

L'écriture journalistique met largement à contribution la capacité du deux-points à organiser le raisonnement, à faciliter la démonstration, à condenser la pensée. Cette fonction clarificatrice est aussi exploitée par nombre d'essayistes. Mais la plupart se limitent à un seul deux-points par phrase — deux au grand maximum —, suivant en cela les injonctions des grammairiens. On peut lire dans le Grevisse que « la présence dans une même phrase de plusieurs doubles points est gênante », et l'on constate effectivement que ces deux-points successifs ont presque totalement disparu du paysage typographique. Ils sont pourtant tout à fait justifiés dans un raisonnement en cascade, une explication en appelant une autre, comme dans cette phrase tirée d'un article du *Nouvel Observateur* sur la SNCF : les syndicats de cette entreprise s'étant opposés au versement de l'intéressement aux salariés, la journaliste écrit :

> Les raisons du non varient d'une organisation syndicale à l'autre : celles de la CGT sont simples : défense du service public.

Rien de choquant ici, et au contraire une évidente sobriété de l'exposé.

Dans les extraits suivants, les auteurs jouent des « deux deux-points ». Obsédé par les galaxies, le personnage de Serge Valletti nous explique l'Univers grâce à eux :

> Alors par exemple, c'est pour ça que sur toutes les photos qui existent des galaxies, en bas : ceci, cela, Galaxie M1 ou X3, eh bien, notre galaxie à nous, il y a marqué : Voie Lactée.
>
> *Six Solos*

Ceux de Roland Dubillard sont implacables de logique absurde :

> C'est comme si vous me demandiez : est-ce que vous êtes allé à Toulouse récemment, et que je vous répondais : non mais je ne suis pas allé à Strasbourg non plus.
>
> *Les Nouveaux Diablogues*

Si les cas de doubles deux-points se rencontrent parfois, comme le prouvent les exemples précédents, les deux-points triples ou quadruples à l'intérieur d'une même phrase sont, eux, extrêmement rares… sauf chez Roland Barthes, véritable aficionado de ce signe, qui n'hésite pas à en truffer certains passages, allant jusqu'à en mettre six dans une phrase d'une douzaine de lignes au sujet de *Bajazet* (*Sur Racine*, Seuil, coll. « Points », p. 13). Pour lui, le deux-points est un organisateur de pensée, les différentes propositions qu'il introduit s'emboîtant comme des poupées gigognes... Et cela ne se fait pas au détriment des autres signes de ponctuation puisqu'il utilise largement virgules, parenthèses, tirets, sans oublier les points-virgules. Dans le passage suivant, trois deux-points maillent l'analyse du trouble chez le héros racinien :

> Telle est la fonction implicite de tous les troubles physiques, si abondamment notés par Racine : la rougeur, la pâleur, la succession brusque de l'une et de l'autre, les soupirs, les pleurs enfin, dont on sait le pouvoir érotique : il s'agit toujours d'une réalité ambiguë, à la fois expression et acte, refuge et chantage : bref le désordre racinien est essentiellement un *signe*, c'est-à-dire un signal et une commination.
>
> *Sur Racine*

(Signalons que notre logiciel de traitement de texte nous intime l'ordre de raccourcir cette phrase.)

Pour notre part, nous trouvons une grande utilité aux deux-points successifs et nous demandons au correcteur qui nous relira de leur laisser la vie sauve. Espérons que, comme pour les ours des Pyrénées, on pourra bientôt envisager leur réintroduction progressive — et maîtrisée — dans la presse comme dans l'édition.

En bref
LE DEUX-POINTS
───

▸ *Annonce une citation, une énumération et le passage au style direct.*
▸ *Introduit une explication, une conclusion.*
▸ *Est précédé d'une espace fine et suivi d'une espace forte.*

Pour clore ce chapitre, nous proposons de rétablir la ponctuation d'un texte de Roland Barthes. Cet auteur, pas forcément d'un abord facile (surtout présenté en courts extraits), force notre admiration : c'est un véritable artiste des deux-points successifs. Il faut replacer : 3 deux-points, 1 point-virgule et 5 virgules. La solution se trouve page 193.

> Nos savants n'ont bien étudié que les écritures anciennes la science de l'écriture n'a jamais reçu qu'un seul nom la paléographie description fine minutieuse des hiéroglyphes des lettres grecques et latines génie des archéologues pour déchiffrer d'anciennes écritures inconnues mais sur notre écriture moderne rien la paléographie s'arrête au XVIe siècle […].
> **Variations sur l'écriture**

LE POINT-VIRGULE

La lanterne rouge

S'il existait un Top 10 de la ponctuation selon la fréquence de chaque signe dans les imprimés, le point-virgule arriverait, et de loin, en queue du peloton. La presse le délaisse : dans le numéro du 22 décembre 2005 de L'Humanité par exemple, nous n'en avons, à notre grande surprise, trouvé qu'un seul (réfugié dans l'éditorial), alors que tous les autres signes y sont largement représentés. Force est de constater qu'il n'a pas le vent en poupe et fait partie, comme l'imparfait du subjonctif ou le passé simple, des finesses menacées par l'appauvrissement de l'expression écrite.

Claude Duneton écrivait dans Le Figaro en septembre 2003 un plaidoyer en sa faveur : « Le point-virgule mal aimé des écrivants, abandonné par les écrivains, est en voie de disparition : protégeons-le... » Et il citait les attaques de Cavanna contre ce « signe infortuné » : l'auteur des Ritals le traitant de « parasite timoré » qui traduit « le flou de la pensée, et colle aux dents du lecteur comme un caramel trop mou » (message transmis à Hugo, à Maupassant ou à Flaubert, grands utilisateurs de ce signe et donc penseurs un peu « flous »). Pour être moins virulent, l'adjectif « vieillot », qu'on lui accole facilement, le range dans les signes du passé... et dépassés.

Chronique d'une mort annoncée ? Le point-virgule va-t-il, sous les coups de ses détracteurs et, surtout, faute d'utilisateurs, passer le seuil critique en deçà duquel il sera condamné ?

Il n'est pourtant réservé ni aux « intellos » ni aux passéistes ; c'est même l'inverse d'un signe élitiste puisqu'il clarifie l'organisation de la phrase. Aucune raison donc de le délaisser : notre mission (nous l'avons acceptée) se veut « désinhibitrice », car la sous-utilisation du point-virgule semble en partie due à l'appréhension qu'il suscite.

Il faut sauver le soldat Point-Virgule

Signe hybride — ni tout à fait point ni tout à fait virgule —, cette « virgule ponctuée », comme l'appelle au XVIIIe siècle le grammairien Girard, est un signe de l'entre-deux. Autrefois ponctuation forte (puisqu'il a été l'équivalent de notre actuel point final jusqu'à la fin du Moyen Âge), il a été rétrogradé (pour filer la métaphore militaire).

Le point-virgule assume deux grandes fonctions : tout d'abord, sorte de point atténué, il s'interpose entre des propositions bien distinctes que l'auteur maintient ainsi liées au sein d'une même phrase. Ensuite, il joue le rôle d'une « super-virgule », aidant le lecteur à repérer les grandes articulations d'une phrase longue où abondent déjà les virgules.

Plus point que virgule

Séparation et mise en relation caractérisent le point-virgule dans sa première définition. Par sa présence, l'auteur manifeste sa volonté de cimenter entre elles les différentes propositions (qu'elles se complètent, s'opposent, soient mises en parallèle...).

Dans la phrase suivante, Victor Segalen, un écrivain qui marchait beaucoup (et montait à cheval aussi), nous explique ses problèmes de sandales :

> Le serrage est un geste délicat ; il faut avoir les doigts justes pour ne pas en dix foulées se blesser ou perdre sa chaussure...
>
> *Équipée*

Une conjonction aurait alourdi la phrase ; un point l'aurait trop violemment coupée ; un deux-points aurait trop accentué le côté explicatif de la seconde proposition. Le point-virgule permet le passage rapide du « geste » aux « doigts » qui l'exécutent, tout en laissant résonner chaque proposition de façon indépendante. La phrase prend un tour plus vif, plus percutant, et ce grâce à notre second couteau !

Même rôle incisif dans cette courte maxime allaisienne (à méditer) :

> Dieu a sagement agi en plaçant la naissance avant la mort ; sans cela que saurait-on de la vie ?
>
> *Œuvres posthumes, Année 1890*

Quand le passé revient à la surface par bribes « point-virgulées », c'est la mélancolie qui s'installe plus sûrement qu'avec tout autre signe :

> Je me rappelle que j'ai joué autour de ces tas de sable ; il y a longtemps ; j'étais si petit que je me distingue à peine.
>
> H. Calet, Les Grandes Largeurs

Le premier point-virgule n'a aucune nécessité logique dans la phrase. C'est bien un rôle stylistique que lui fait jouer l'auteur en instaurant volontairement cette coupure qui permet à la mémoire de fonctionner et au souvenir d'affleurer.

Le point-virgule n'est pas un signe « antipoétique ». Au XIXe siècle, les poètes l'ont beaucoup mis à contribution.

> C'est l'esprit familier du lieu ;
> Il juge, il préside, il inspire
> Toutes choses dans son empire ;
> Peut-être est-il fée, est-il dieu ?
>
> Les Fleurs du mal, « Le chat »

Dans cette strophe, Baudelaire utilise deux points-virgules, qui encadrent les deux vers centraux, permettant de garder la continuité d'idée qui existe entre le premier et le dernier vers, et surtout de préserver l'unité du quatrain.

Seul au milieu d'une strophe des « Djinns », poème extrait des *Orientales* de Victor Hugo, le point-virgule devient « point d'équilibre ». Autour de lui s'organisent les deux mouvements d'une petite valse :

> Ce bruit vague
> Qui s'endort,
> C'est la vague
> Sur le bord ;
> C'est la plainte,
> Presque éteinte,
> D'une sainte
> Pour un mort.

Restons avec « Totor » et une phrase tirée des *Misérables* : trois propositions s'y succèdent, séparées par deux points-virgules :

> Tout était encore confus et se heurtait dans son cerveau ; le trouble y était tel qu'il ne voyait distinctement la forme d'aucune idée ; et lui-même n'aurait rien pu dire de lui-même, si ce n'est qu'il venait de recevoir un grand coup.
>
> « Une tempête sous un crâne »

La tempête sous le crâne de Jean Valjean aurait-elle été différente, ponctuée « à la manière de… » ?

> Tout était encore confus. Et se heurtait dans son cerveau.
> Le trouble y était tel qu'il ne voyait distinctement la forme d'aucune idée.
> Et lui-même n'aurait rien pu dire. De lui-même.
> Si ce n'est qu'il venait de recevoir un grand coup.
>
> « Marguerite Hugo »

Nous avons agrémenté de points et de passages à la ligne durassiens le texte hugolien : un petit jeu qui montre bien le liant irremplaçable apporté par les points-virgules. Chez Hugo, la tempête gronde et enfle en un mouvement continu et submerge le personnage ; dans notre pastiche, elle se soulève par à-coups et retombe à chaque point... Qui a dit que « la ponctuation est encore plus l'homme que le style » ? George Sand.

Plus nombreux encore dans cette phrase de Flaubert, les points-virgules instillent dans le discours indirect des pauses évoquant une parole mesurée : les segments délimités par les points-virgules sont courts et débouchent, après le point, sur une phrase qui ressemble à une délivrance :

> Elle se dit heureuse de lui voir un état, car ils n'étaient pas aussi riches que l'on croyait ; la terre rapportait peu ; les fermiers payaient mal ; elle avait même été contrainte de vendre sa voiture. Enfin, elle lui exposa leur situation.
>
> *L'Éducation sentimentale*

Les points-virgules créent du rythme : rapide et haletant, dans cet extrait de Casanova, qui en ponctue les différentes étapes de son évasion des Plombs de Venise. On imagine à chaque point-virgule les courts arrêts du fugitif ; la tension vers le but — sortir de la sinistre prison — est perceptible, palpable, et n'aurait pu être maintenue par de simples virgules :

> Je trouve un escalier de pierre court et étroit, et je le descends ; j'en trouve un autre qui avait au bout une porte de vitres ; je l'ouvre, et je me vois à la fin dans une salle que je connaissais ; nous étions dans la chancellerie ducale.
>
> *Histoire de ma vie*

Le point-virgule ne possède pas le même pouvoir expressif que des points de suspension ou d'exclamation, mais il resserre la phrase, la scande, crée en elle des résonances, toutes choses qu'un auteur aurait tort de négliger...

Plus virgule que point

« Doublure » de la virgule forte, celle qui sépare des propositions, le point-virgule est destiné à éviter au lecteur de s'égarer dans la phrase labyrinthique, où abondent déjà les virgules faibles. Comme dans l'exemple suivant, tiré d'une nouvelle de Balzac :

> Après un ou deux bâillements, il prit un flambeau d'une main, et de l'autre alla chercher languissamment le cou de sa femme, et voulut l'embrasser ; mais Julie se baissa, lui présenta son front, et y reçut le baiser du soir, ce baiser machinal, sans amour, espèce de grimace qu'elle trouva alors odieuse.
>
> *Le Rendez-vous*

La virgule qu'on rencontre habituellement devant « mais » se serait diluée au milieu des huit autres virgules. De plus, la phrase s'ordonne symétriquement de part et d'autre de ce point-virgule : d'un côté les gestes machinaux du mari, de l'autre la réaction de sa femme.

Placé devant l'un des trois « et » utilisés par Casanova dans la phrase suivante, le point-virgule introduit une hiérarchie entre ces conjonctions :

> J'eus des amis qui me firent du bien, et je fus assez heureux de pouvoir en toute occasion leur donner des

marques de ma reconnaissance ; et j'eus de détestables ennemis qui m'ont persécuté, et que je n'ai pas exterminés parce que je ne l'ai pas pu.

Histoire de ma vie

Le point-virgule devant le « et » central lui donne une valeur plus forte et souligne le balancement de la phrase : les amis d'un côté, les ennemis de l'autre.

Troisième exemple, puisé chez Julien Gracq, où le point-virgule culmine en grand ordonnateur. Une virgule (possible) eût été noyée au milieu des autres virgules et des deux-points environnants :

> Mais si je pousse la porte d'un livre de Beyle, j'entre en stendhalie, comme je rejoindrais une maison de vacances : le souci tombe des épaules, la nécessité se met en congé, le poids du monde s'allège ; tout est différent : la saveur de l'air, les lignes du paysage, l'appétit, la légèreté de vivre, le salut même, l'abord des gens.
>
> *En lisant, en écrivant*

Le point-virgule sépare les termes d'une énumération « complexe », permettant à la virgule de vaquer à d'autres occupations dans la phrase. Dans l'exemple suivant, la succession de quatre propositions évoque un lent travelling qui permet au lecteur de découvrir la chambre décrite par Flaubert. Le mouvement de la phrase n'est pas interrompu par les points-virgules, on change juste d'angle de vue :

> Les rideaux, comme les meubles, étaient en damas de laine marron ; deux oreillers se touchaient contre le

traversin ; une bouillotte chauffait dans les charbons ;
et l'abat-jour de la lampe, posée au bord de la commode, assombrissait l'appartement.
L'Éducation sentimentale

Le point-virgule remplace aussi la virgule dans une autre de ses fonctions : l'ellipse. Les deux points-virgules de la phrase suivante sont mis pour « ce qui m'intéresse ». La phrase ainsi découpée, sa progression en trois phases est parfaitement perceptible :

> Ce qui m'intéresse dans un homme quelconque, c'est la condition humaine ; dans un grand homme, ce sont les moyens et la nature de sa grandeur ; dans un saint, le caractère de sa sainteté.
> A. Malraux, *Antimémoires*

Le point-virgule permet de tricoter des phrases longues, sans rompre leur déroulement, mais en marquant l'autonomie des différentes propositions davantage que ne l'aurait fait une virgule.

Pas sérieux s'abstenir

Le point-virgule règne en maître dans les énumérations des ouvrages scientifiques, juridiques et techniques. C'est là son domaine privilégié. Pour nous, ce n'est pas le plus folichon, dès lors nous ne vous infligerons que deux citations.

Dans cet extrait du Code du travail concernant les appareils de levage, les membres de l'énumération sont classés de *a* à *c* ; chacun d'eux se présente de façon isolée, avec passage à la ligne après chaque point-virgule et capitale en début de ligne :

4° La consigne prévue à l'article 33 devra rappeler :
a) Le nombre maximal de personnes admises sur l'appareil ;
b) La charge maximale réduite prévue pour le transport des personnes ;
c) L'interdiction d'accéder à la nacelle quand elle est en mouvement.

L'ensemble prend une forme assez poétique, du moins visuellement !

L'énumération peut aussi s'organiser sans passage à la ligne, les points-virgules séparant les divers éléments, comme dans cette description précise tirée d'une notice concernant l'aigle botté (à ne pas confondre avec le milan noir ou le busard des roseaux) :

> Vol : battements rapides ; plane souvent haut avec les ailes horizontales tenues un peu en avant ; se maintient sur place sans battements contre le vent ; tombe en piqué sur la proie et louvoie aussi entre les arbres.
> R. T. Peterson, *Le Guide des oiseaux*

Il existe sur le Net un Comité de défense et d'illustration du point-virgule, dont les membres s'engagent à « chanter ses louanges en toute occasion » et à l'utiliser « chaque fois que ce sera approprié ». Serment digne de celui des Horaces ! Sans faire partie de la confrérie, nous agissons dans l'ombre, rajoutant ces points-virgules décriés avec le sentiment d'accomplir un — petit — acte de résistance. Auquel s'ajoute, si le point-virgule se substitue à un point, le plaisir de rallonger la phrase, qui a ces temps-ci tendance à rétrécir.

En bref
LE POINT-VIRGULE
―――――
❱ *Sépare des phrases complètes liées logiquement.*
❱ *Joue le rôle d'une « super-virgule » dans la phrase longue, séparant des propositions déjà subdivisées par des virgules.*
❱ *Sépare les termes d'une énumération scientifique ou technique.*
❱ *Est précédé d'une espace fine et suivi d'une espace forte.*

Il n'y a que deux points-virgules dans cette citation de Claude Duneton, mais ce court passage est une ode à ce signe. À vous de le reponctuer (1 point, 1 deux-points, 2 points-virgules et 5 virgules). La solution se trouve page 194.

> En réalité le point-virgule permet de découper une pensée englobante contenue entre deux points en petites propositions concomitantes d'aligner une accumulation de faits concourant au même but de rassembler des images sans les écorner il ne fait pas baisser la voix à la lecture il la laisse en suspens en vol c'est un lien subtil dans le tissage des idées.

LA VIRGULE

La larme du compositeur

Secouez un livre ou un journal, il en tombera des milliers... Les virgules forment le *vulgum pecus*, la piétaille de la ponctuation, mais c'est grâce à la piétaille qu'on remporte les batailles ! Beaucoup d'écrivains révèrent ce signe, le considèrent comme l'incarnation du style, ce que résume Cyrano de Bergerac dans la pièce éponyme d'Edmond Rostand, qui, à l'idée qu'on pourrait corriger l'un de ses vers, s'écrie : « Mon sang se coagule, / En pensant qu'on y peut changer une virgule. »

Enlever ou ajouter des virgules fait partie du quotidien des correcteurs ! N'y voyez pas pure maniaquerie : elles peuvent modifier le sens d'une phrase. Les débats passionnés qu'occasionne dans le cassetin (réduit exigu où officient les correcteurs) la place d'une virgule semblent bien souvent disproportionnés par rapport à la petitesse de ce signe. Les typographes ont d'ailleurs affublé par dérision les correcteurs du nom de « virguleux » ! Du temps de l'imprimerie au plomb, la virgule reçut, quant à elle, le surnom de « larme du compositeur ». Pas seulement par analogie avec sa forme lacrymale, mais parce qu'elle causait bien des tracas : il fallait du doigté pour la saisir, la placer sur la ligne, et sa manipulation ralentissait le travail.

La virgule est l'une des plus anciennes marques de ponctuation. Son nom, sa forme ont beaucoup varié, mais elle a toujours été le signe le plus faible de segmentation de la phrase. Elle reçut son appellation définitive des premiers imprimeurs : ceux-ci avaient fait leurs humanités et, considérant d'abord son aspect, choisirent fort à propos pour la nommer le mot latin *virgula* (« petite baguette, rameau »), dérivé de *virga* (« verge, baguette »).

Ce diminutif laisse à penser qu'elle joue un rôle négligeable, alors qu'elle est la seule parmi les signes de ponctuation à pouvoir entraîner dans la phrase des bouleversements importants et parfois même des cataclysmes !

L'écrivain plume à la main

Voici quelques exemples qui montrent les pouvoirs quasi magiques de cette « petite baguette ».

Hélène, mange des choses saines.
Hélène mange des choses saines.

La première version de cette phrase, prise dans une chanson fort drôle et un tantinet scatologique du zoukeur Francky Vincent — dont la décence nous interdit de donner le titre —, se comprend comme une injonction : Hélène, tu dois surveiller ton alimentation. Si la virgule tombe, Hélène, cette fois, a un excellent régime alimentaire. Tout cela par la simple opération d'une virgule.

> Vous êtes bien sur Radio classique.
> Vous êtes bien, sur Radio classique.

Nous avons entendu ce slogan, assez habilement dit pour qu'on comprenne à la fois les deux messages qu'il délivre : vous êtes effectivement sur notre fréquence, mais aussi : vous vous y sentez bien. Cette ambiguïté n'est pas possible sur le papier, il faut choisir : avec ou sans virgule.

Si, dans nos deux premiers exemples, le sens varie en fonction de la présence ou non de la virgule, dans les trois qui suivent, c'est son déplacement qui va modifier l'énoncé.

> Ce quinquagénaire sportif, impatient, a jeté l'éponge.
> Ce quinquagénaire, sportif impatient, a jeté l'éponge.

Dans la première phrase, « sportif » est un adjectif qui qualifie le « quinqua ». Dans la seconde, la première virgule avance d'un mot, et « sportif » devient un substantif, qualifié par l'adjectif « impatient ». Un tour de passe-passe et « sportif » a changé de statut grammatical.

> Nous découvrîmes, dans ce texte qu'on nous avait caché, de nouveaux éléments.
> Nous découvrîmes, dans ce texte, qu'on nous avait caché de nouveaux éléments.

D'une phrase à l'autre, on ne nous cache plus du tout la même chose : soit il s'agit du texte, soit il s'agit de nouveaux éléments. Ce « coulissage » (pardon pour le néologisme) de la virgule fait parfois basculer le sens de la phrase de façon inattendue :

> L'écrivain plume, à la main, sa poule sur ses genoux...
> L'écrivain, plume à la main, sa poule sur ses genoux...

Dans la première version, « plume » est une forme verbale et l'écrivain se charge de plumer lui-même la volaille : la scène relève plutôt du culinaire. Dans la seconde, « plume » devient substantif et nous entrons dans l'intimité d'un écrivain plein de tendresse pour sa poule.

Ces exemples sont pour ainsi dire des cas « extrêmes ». L'absence, la présence ou la place fautive d'une virgule n'entraînent pas forcément des changements de sens aussi radicaux, mais elles perturbent toujours la lecture.

Ajoutons que seule la virgule peut ainsi métamorphoser la phrase. Ce qui fait d'elle le « signe syntaxique par excellence », pour reprendre l'expression de la linguiste Véronique Dahlet. Une sorte de signe « universel », comme on le dit de la clef du même nom, qui a la particularité de fonctionner seul ou en double.

Simple virgule

Employée seule, la virgule sert à coordonner, à relier, en se lovant entre eux, des noms, des adjectifs, des verbes, des propositions, tous éléments grammaticalement équivalents. C'est ce que certains grammairiens appellent la « virgule plus ».

Un signe de solidarité

La virgule règne sur l'énumération : légère, elle s'immisce entre les termes et les lie les uns aux autres. Elle ne peut dans ce cas être remplacée par aucun autre signe, ni supprimée.

> Ils évoquaient [...] leurs amours, leurs désirs, leurs voyages, leurs refus, leurs enthousiasmes...
>
> G. Perec, *Les Choses*

Adjectifs possessifs et substantifs forment un assemblage hétéroclite qui ne tient que grâce aux virgules.

> Les bras nus, et côte à côte, ils labouraient, sarclaient, émondaient, s'imposaient des tâches, mangeaient le plus vite possible...
>
> G. Flaubert, *Bouvard et Pécuchet*

Ici, l'énumération accompagne un effet de surenchère grâce à l'accumulation des verbes d'action et de leurs compléments, qui nous montrent les deux amis accaparés par un travail incessant.

> Je dois vous dire que, dans ce pays, il paraît qu'on s'est mis à dévaliser les gens à main armée, qu'on arrête sur les routes, qu'on dépouille même les morts.
>
> J. Giono, *Le Hussard sur le toit*

Les trois propositions successives montrent l'étendue du désordre qui s'est installé dans la région (la Provence). Elles ne sont qu'une variante d'une même idée. La virgule assure donc une séparation minimale (le point-virgule aurait donné trop d'autonomie aux propositions).

Nous rappelons la règle classique — de moins en moins appliquée — qui consiste à placer une virgule après le dernier terme de l'énumération :

> La bonté, le courage, la probité, sont des vertus dont on ne peut pas contester l'existence.
>
> S. Guitry, *Jusqu'à nouvel ordre...*

Cette virgule disparaît si le dernier terme de l'énumération — dans l'exemple qui suit, « tout » — résume l'ensemble des termes précédents :

> Sa jeune gloire, son visage délicat, sa voix charmante, tout le rendait séduisant au possible.
>
> S. Guitry, *Si j'ai bonne mémoire*

Les conjonctions s'en mêlent

Quand le dernier élément de l'énumération est coordonné au précédent par « et », il n'est pas suivi d'une virgule :

> La boisson, l'opium et la morphine apportent à ceux qui s'y sont adonnés l'illusion d'un bonheur longuement souhaité...
>
> S. Guitry, *Jusqu'à nouvel ordre...*

On pourra en revanche trouver une virgule avant « et » si l'auteur veut mettre en relief le dernier terme. Ici, Julien Gracq insiste sur les mauvaises fréquentations italiennes de Berlioz.

> D'Italiens, il n'a connu que des voituriers, des policiers, et quelques lazzaroni.
>
> *En lisant, en écrivant*

Dans le cas de propositions coordonnées par « et », il n'y aura pas de virgule s'il existe entre elles un rapport de cause à effet. Ainsi, dans l'exemple suivant, la virgule ne s'interpose pas entre le geste tendre et la sensation éprouvée :

> Elle posa sa main sur cette épaule et s'émut de la sentir tiède...
>
> A. de Saint-Exupéry, *Vol de nuit*

Mais on en trouvera une si les propositions expriment deux idées distinctes :

> Je promis tout, et je ne mentis pas.
> J.-J. Rousseau, *Les Confessions*

La virgule accompagne le « et » quand celui-ci est répété :

> Il rit encore, et l'embrassa, et la serra contre ses pesants vêtements.
> A. de Saint-Exupéry, *ibid.*

La virgule relie des éléments eux-mêmes coordonnés par « et » :

> On y voit des messieurs et des dames, des enfants et des militaires roulant à travers un paysage accidenté, en carton.
> H. Calet, *Les Grandes Largeurs*

On place une virgule entre deux propositions reliées par « et » si leurs sujets sont différents :

> Elle [la ramure] s'ouvrit, bouillonna, et les bergers pensèrent : c'est le notos ; on a bien fait de rentrer les agneaux.
> J. Giono, *Naissance de l'Odyssée*

Les mêmes règles peuvent s'appliquer pour la conjonction « ou » et son alter ego « ou bien ». Avec « ni », elles diffèrent sensiblement.

Employé seul, « ni » n'est pas précédé d'une virgule :

> Jamais la pauvreté ni la crainte d'y tomber ne m'ont fait pousser un soupir [...].
> J.-J. Rousseau, *ibid.*

Le double « ni » n'appelle en général pas la présence d'une virgule...

> Fait assez curieux dans l'histoire des grèves, ces braves travailleurs ne demandaient ni augmentation de salaire ni diminution de travail.
> <div align="right">A. Allais, <i>Vive la vie</i> !</div>

... sauf insistance volontaire de l'auteur :

> Ce livre ne veut donc être ni le poème d'un voyage, ni le journal de route d'un rêve vagabond.
> <div align="right">V. Segalen, <i>Équipée</i></div>

Au-delà de deux « ni », la virgule est nécessaire devant chaque occurrence :

> Ce qu'elle vivait n'était plus divisé en journées ou en heures, ni en aller et retour, ni en gestes, ni en craintes, ni en prévisions, ni en causes et leurs effets.
> <div align="right">A. Makine, <i>Le Crime d'Olga Arbélina</i></div>

Quand deux « ni-ni » se succèdent, ils sont séparés par une virgule :

> [Notre lieutenant] ni hautain ni cordial à outrance, ni trop élégant ni trop négligé.
> <div align="right">J. Malaquais, <i>Journal de guerre</i></div>

La dernière des conjonctions à deux lettres, « or », se rencontre presque exclusivement en début de phrase et suit une ponctuation forte — en général le point. Elle fait rebondir le récit. Elle peut être suivie d'une virgule, mais ce n'est pas une règle. À l'auteur de décider !

> Or le souvenir de la Martine s'agitait dans l'esprit de Benoist comme une mouche empoisonnée.
>
> G. de Maupassant, *La Martine*

> Or, il lui passait par la tête les idées les plus imprévues, les plus folles, les plus cocasses, les plus profondes.
>
> S. Guitry, *Les Femmes et l'Amour*

Trois conjonctions manquent encore à l'appel — du moins si l'on s'en tient à la liste gravée dans toutes les mémoires. Les rapports qu'elles entretiennent avec la virgule varient surtout en fonction de l'intention de l'auteur. Difficile donc d'édicter des règles en la matière !

« Mais » et « car », à l'intérieur de la phrase, sont en général précédés d'une virgule…

> Dans son visage épouvanté, ses yeux marron, écarquillés, semblaient regarder sans voir, mais ce n'était sans doute qu'une impression, car j'avais bel et bien failli stopper une dragée.
>
> L. Malet, *Pas de bavard à la Muette*

… à moins que la précision introduite par la conjonction soit courte :

> Vous me direz qu'il y a des femmes très riches mais très laides et qui épousent des jeunes gens très bien.
>
> S. Guitry, *Les Femmes et l'Amour*

La dernière du trio, « donc », placée en début de phrase, pourra ou non être suivie d'une virgule, comme on le constate dans ces vers de Victor Hugo :

> Donc, Booz dans la nuit dormait parmi les siens.
>
> *La Légende des siècles*, « Booz endormi »

> Donc vous n'avez pas honte et vous choisissez l'heure,
> L'heure sombre où l'Espagne agonisante pleure.
>
> *Ruy Blas*

Une rivale du point-virgule

La virgule simple sert aussi à relier des propositions complètes (qui pourraient être indépendantes). Des signes plus forts, comme le point-virgule et le point, lui sont alors substituables. Les propositions doivent entretenir entre elles un rapport clair, évident. La coordination, implicite, est assurée par la virgule, qui apporte à la phrase netteté et concision, autorisant les rapprochements abrupts qui créent la surprise, l'effet comique...

> Le malade ne pense qu'à la santé, le médecin ne s'occupe que de la maladie.
>
> S. Guitry, *La Maladie*

Mais elle peut entraîner, par un effet inverse, une sorte d'aplanissement de la phrase et des sentiments. La virgule joue alors de sa légèreté visuelle, l'œil du lecteur glissant sans rupture brusque d'une proposition à l'autre :

> La patronne reprit son tricot rouge, elle jugea inutile de répondre.
>
> M. Duras, *Moderato cantabile*

> Il n'était pas triste, il n'était pas mécontent.
>
> G. de Maupassant, *La Martine*

Nos exemples sont courts : en effet, dans la phrase longue, encombrée de virgules, cette « virgule forte » disparaît au profit du point-virgule, et ce pour faciliter la tâche du lecteur.

Duo de virgules

Nous avons vu la puissance coordonnatrice de la virgule ; elle a aussi la faculté de détacher certains éléments de la phrase en les encadrant (c'est la « virgule moins »). Elle devient alors un signe « double », à l'image des parenthèses et des tirets. Précisons que si les éléments qu'elle est chargée d'isoler sont placés en tête ou en fin de phrase, l'une des deux virgules disparaît.

Elle met à part les mots ou groupes de mots mis en apposition, les apostrophes, les incidentes, les incises et les propositions explicatives.

Bien encadrées

L'apostrophe, adresse directe à la personne (ou à la chose personnifiée), quelle que soit sa place dans la phrase, doit être isolée du reste du texte.

Elle peut se situer à n'importe quel endroit de la phrase. Au début, dans cette fable de La Fontaine :

> Cruels humains, vous tirez de nos ailes
> De quoi faire voler ces machines mortelles ;
> *L'Oiseau blessé d'une flèche*

En cours de phrase (après la conjonction « mais » dans cet exemple de Jean-Pierre Vernant) :

> Mais, mon petit Ulysse, […] comment ne t'ai-je pas reconnu tout de suite ?
> *L'Univers, les Dieux, les Hommes*

À la fin, dans cette réplique de San-Antonio :

> T'as des angoisses, bonhomme ?
>
> Les huîtres me font bâiller

L'apposition accompagne et complète le substantif auquel elle se rapporte : dans l'exemple qui suit, les opinions politiques du père Auguste nous apparaissent clairement avec deux appositions entre virgules :

> Le père Auguste, ce patriote farouche, cet irréductible cocardier, le père Auguste était l'ancien patron d'une des maisons les mieux famées (du latin *fama*, femme) de Chicago.
>
> A. Allais, On n'est pas des bœufs

Un adjectif seul peut également être mis en apposition (on l'appelle aussi « épithète détachée ») :

> La sirène retentit, énorme, qui s'entendait allègrement de tous les coins de la ville...
>
> M. Duras, Moderato cantabile

L'apposition peut se trouver en début de phrase. Ici, il y en a même deux consécutives !

> En esprit curieux, en personne responsable, Bill tient son « Journal de guerre ».
>
> L. Guilloux, O. K., Joe !

Le participe détaché est, de la même façon, isolé au sein de la phrase :

> Une flaque au milieu du sable, obligeant à un détour, les fit monter sous la charmille.
>
> G. Flaubert, Bouvard et Pécuchet

Considération souvent anodine, parfois drôle, que l'auteur livre en passant, l'incidente pimente la phrase, la suspendant un court instant :

> Les remparts de Brest [...] forment des allées qu'on appelle, par dérision peut-être, le Bois de Boulogne.
> J. Genet, *Querelle*

> Les peintres anglais, comme chacun sait, sont réputés dans l'univers entier pour leur extrême beauté.
> A. Allais, *À se tordre*

Pour identifier facilement les locuteurs dans le discours direct, il est parfois nécessaire d'y insérer des incises, courtes propositions construites avec les verbes *dire, crier, préciser, murmurer...* :

> — Madame Magloire, dit l'évêque, vous mettrez un couvert de plus.
> V. Hugo, *Les Misérables*

> — Comme il y a déjà du monde, se plaignit-elle doucement.
> M. Duras, *Moderato cantabile*

Deux écoles, trois solutions

Marquée par l'apostrophe ('), l'élision se produit quand se rencontrent deux voyelles ou une voyelle et un « h » muet : ainsi n'écrit-on pas « le amour », mais « l'amour »... toujours.

Si une proposition incidente est précédée de « c'est que » et commence par une voyelle ou un « h » muet, il y a élision, et, de ce fait, la virgule ouvrante disparaît. L'usage classique veut que l'on conserve la virgule fermante, qui se retrouve esseulée. À l'inverse, les codes typographiques considèrent qu'il faut éliminer cette seconde virgule. Dans notre exemple, Sacha Guitry évite l'élision en maintenant entre virgules « à force de travail » :

> Il me faut vous avouer que si j'ai fait fortune en trichant, c'est que, à force de travail, je suis devenu un véritable prestidigitateur.
>
> *Mémoires d'un tricheur*

Il aurait pu écrire en élidant, laissant alors la seconde virgule « classique » :

> .... c'est qu'à force de travail, je suis devenu..........

Ou, en suivant la règle typographique :

> .... c'est qu'à force de travail je suis devenu..........

Où l'on constate qu'il y a trois façons différentes de résoudre ce problème, et qu'aucune n'est fautive !

Les vertus de l'explicative

La proposition explicative apporte une précision non indispensable à la phrase ; les virgules qui l'entourent la signalent comme accessoire. On le voit dans l'exemple suivant, où, une fois supprimée la relative explicative (« qui avait une âme de gendarme »), la phrase reste tout à fait compréhensible :

> Mais la forte Mme Loiseau, qui avait une âme de gendarme, resta revêche.
>
> G. de Maupassant, *Boule-de-Suif*

L'explicative s'oppose à la déterminative, qui restreint le sens du mot auquel elle se rapporte, mot dont elle est solidaire. Dans l'exemple qui suit, la déterminative (« qui ne connaît ni bourse ni banque ») ne doit en aucun cas être séparée par une virgule de « société » :

> Sophar contracta un amour des richesses qu'on ne peut satisfaire en une société qui ne connaît ni bourse ni banque.
>
> A. France, La Révolte des anges

Si les choses paraissent (relativement !) simples, elles se compliquent quand la même proposition peut être explicative ou déterminative, la phrase prenant alors deux sens différents. Seule l'absence ou la présence de virgules permet alors de les différencier.

Dans le texte original de Blaise Cendrars, la relative explicative (« qui nous avaient donné leur sympathie ») est bien flanquée de ses virgules :

> Les partis modérés, qui nous avaient donné leur sympathie, nous abandonnèrent.
>
> Moravagine

La phrase se comprend ainsi : tous les partis modérés donnèrent leur sympathie avant de se raviser. Le fait de retrancher cette explicative enlèverait certes une précision, mais l'essentiel du message serait encore là, à savoir que les partis modérés ont retiré leur soutien.

Ôtons les deux virgules, ce qui équivaut à transmuer l'explicative en déterminative :

> Les partis modérés qui nous avaient donné leur sympathie nous abandonnèrent.

Cette fois, « qui nous avaient donné leur sympathie » est directement rattaché aux « partis modérés » et le sens de la phrase évolue : seuls certains partis modérés avaient donné leur sympathie, et ce sont ceux-là qui finalement ont changé d'avis.

Dans le même ordre d'idées, voici, extrait d'un article intitulé « Comment virguler », un autre exemple : cette fois, une apposition explicative en début de phrase...

> Seuls, les grévistes seraient licenciés.
> (S'ils restaient seuls, isolés, les grévistes pourraient être licenciés.)

... qui devient apposition déterminative si la virgule tombe :

> Seuls les grévistes seraient licenciés.
> (Les grévistes sont les seuls qui risquent un licenciement.)
>
> E. Simongiovanni,
> *Le Mutualiste de la presse et du livre*

Un nom propre apposé peut avoir valeur explicative :

> Il est parti avec sa fille, Julie.

« Il » n'a qu'une fille, et elle s'appelle Julie.

Sans virgule entre « fille » et « Julie », le prénom prend une valeur déterminative :

> Il est parti avec sa fille Julie.

« Il » est parti avec celle de ses filles qui s'appelle Julie !

Si ces distinguos peuvent paraître exagérément subtils, et ces questions de virgules passer pour des finasseries de « virguleux », force est de constater qu'une virgule mal placée ou manquante a des conséquences sur le sens de la phrase qui sont loin d'être insignifiantes.

L'inversion contre la monotonie

Si toutes les phrases suivaient un ordre canonique (sujet, verbe, complément), nous finirions sans doute par nous endormir sur les pages. La virgule aide à rompre cette monotonie : elle se fait la « gentille organisatrice » des déplacements des divers segments à l'intérieur de la phrase. Ces jeux d'inversion créent de la surprise, de l'attente, mettent en relief un élément en le plaçant en début ou, au contraire, en fin de phrase : en un mot, ils permettent les effets de style. Mais attention, tous les éléments ne peuvent pas se placer n'importe où, et certaines acrobaties stylistiques peuvent prêter à sourire ou même à rire. Souvenons-nous de la leçon du maître de philosophie dans *Le Bourgeois gentilhomme*, de Molière :

> Vos yeux beaux d'amour me font, belle Marquise, mourir.

Et il faut posséder l'habileté d'un Julien Gracq pour réussir cette inversion osée :

> D'où vient cet effet de prise directe que procure à tout coup, même dans ses ouvrages alimentaires, ses rapsodies musicales et touristiques et ses recopiages, la prose de Stendhal, et qu'aucun autre auteur ne me procure à ce point ?
>
> *En lisant, en écrivant*

Il réussit à repousser le sujet du verbe « procure » presque à la fin de la phrase, et cette « prose de Stendhal » n'en prend que plus de goût.

L'inversion appartient aussi à la langue familière : ici, elle met en valeur un terme rejeté en fin de phrase, accompagné d'un point d'exclamation :

> Contre la chaufferie qu'ils l'avaient installé, ces canailles !
>
> R. Guérin, *L'Apprenti*

Les compléments circonstanciels (ou adverbiaux) sont les grands voyageurs de la phrase : ils se promènent suivant l'humeur en début de phrase (la virgule est alors quasiment obligatoire), en cours de phrase, plus rarement à la fin (où ils sont souvent dépourvus de virgule).

L'insistance se marque plutôt par le placement du complément en tête. C'est la configuration la plus courante :

> Après le dégel, tous les artichauts étaient perdus.
> G. Flaubert, *Bouvard et Pécuchet*

> Pour cet être, le travail est un véritable bonheur.
> San-Antonio, *Napoléon Pommier*

> Malgré ma haute situation dans la presse quotidienne, je consentis tout de même à engager la conversation avec ces êtres dénués d'intérêt.
> A. Allais, *Deux et deux font cinq*

Le complément glissé après le sujet perd de son importance et se comprend comme une simple remarque :

> Trois écuyers, dès l'aube, l'attendaient au bas du perron.
>
> G. Flaubert, *Trois Contes*

> Certains êtres, aussitôt entrevus, vous font faire un pas immédiat en arrière.
>
> S. Guitry, *Mémoires d'un tricheur*

Une virgule atypique

La virgule dite elliptique signale l'absence d'un mot ou d'un groupe de mots que l'auteur ne souhaite pas répéter ou qu'il veut seulement sous-entendre, absence que le lecteur devra suppléer.

Dans un ouvrage érudit sur un sujet grivois, Jean-Claude Carrière pratique volontiers l'ellipse. Il se penche ici sur les divers surnoms donnés au sexe féminin :

> Pour les alpinistes, retenons *la grande crevasse*. Pour les laboureurs, *le sillon*.
>
> *Les Mots et la Chose*

La virgule, après « laboureurs », remplace le verbe « retenons », qui se trouve dans la phrase précédente. L'ellipse a franchi le point et n'est pas uniquement un phénomène interne à la phrase.

La virgule elliptique permet toutes les contorsions : voici un cas assez rare où elle est mise pour des éléments à venir !

> La véritable nature de la Vierge Marie lui interdisait le, et les grands écarts.
>
> R. Topor, *La Véritable Nature de la V!erge Mar!e*

La virgule après « le » évite à Topor un grand écart redoublé.

La virgule elliptique est mise pour un mot que le lecteur peut facilement imaginer grâce au contexte. La presse l'utilise beaucoup dans ses titres, pour les raccourcir et les rendre plus frappants.

> Le droit de vote aux immigrés, un débat récurrent.
> *Le Monde*

> Au bout du rêve américain des immigrés illégaux mexicains, la mort dans le désert.
> *Le Temps* de Genève

La virgule du premier titre pourrait être remplacée par « est » et celle du second, par « il y a ». (Avez-vous noté notre ellipse après « second » ?)

Cette virgule n'est cependant pas obligatoire et l'une des plus belles ellipses de la littérature française s'en passe fort bien :

> Je t'aimais inconstant, qu'aurais-je fait fidèle ?
> Racine, *Andromaque*

Littré nous aide à restituer les mots sous-entendus : qu'aurais-je fait [si tu avais été] fidèle...

Fauteurs de trouble

C'est avec la virgule que la notion de « faute de ponctuation » apparaît la plus pertinente. « On voit mieux ses fautes quand elles sont imprimées », écrivait Voltaire. Celles que nous avons recensées ont toutes été relevées dans des livres et des journaux. La vigilance des « virguleux » est parfois prise en défaut...

Voici les trois cas les plus fréquents :
— la virgule sépare inopportunément le sujet du verbe ;
— la présence ou l'absence de virgules introduisent la confusion entre proposition explicative et proposition déterminative ;
— en cas de virgule double, l'une des deux a été oubliée.

Feu la virgule respiratoire

Dans le *Code typographique* de la CGC, le passage consacré à la virgule se clôt sur cette injonction en lettres majuscules et en gras : « [Une] **VIRGULE NE DOIT JAMAIS SÉPARER** le sujet du verbe. »
Cela va de soi, en cas de phrase courte :

> Notre famille était nombreuse.
> S. Guitry, *Mémoires d'un tricheur*

Personne n'aurait l'idée de placer une virgule après « famille ». Mais quand le sujet est long, on s'aperçoit que fleurit assez naturellement sous la plume cette virgule fautive ; comme dans cette dépêche de l'AFP :

> Aggraver la situation d'une famille qui est déjà en lourde difficulté, n'est pas une solution.

Ou dans cet article du *Monde* sur le footballeur britannique George Best :

> Cet expert du contrôle de longues balles qui pleuvaient en avant, se baladait sur le terrain avant de foncer tête baissée vers la cage adverse.

Le léger arrêt que provoque cette « virgule antisyntaxique » trouble le lecteur moderne, car elle lui donne une information qui l'égare, introduisant une séparation qui n'a pas lieu d'être.

S'il en reste peu dans la presse, c'est que les correcteurs la traquent avec férocité. Il n'en a pas toujours été ainsi : jusqu'au XIXᵉ siècle, les grammairiens préconisent cette virgule « respiratoire » quand le sujet du verbe est une longue proposition. En voici un exemple dans *Les Égarements du cœur et de l'esprit*, de Crébillon fils (édition de 1748) :

> Toutes les résolutions que j'avais formées de ne plus voir Madame de Lursay, s'étaient évanouies...

Insensiblement, cette virgule deviendra facultative, puis totalement proscrite.

La confusion des sens

Nous avons vu la différence entre proposition explicative et proposition déterminative. Les deux sont très souvent confondues, ce qui fausse le message, ou du moins l'obscurcit.

On a pu lire dans *Le Nouvel Observateur* :

> 60 % des inspecteurs des finances, qui choisissent le privé, atterrissent dans le secteur bancaire et des assurances.

Question : 60 % de tous les inspecteurs des finances atterrissent-ils dans le secteur bancaire et des assurances, ou seulement 60 % de ceux qui choisissent le privé ?

Indiquée comme explicative par ses virgules, la relative « qui choisissent le privé » est en réalité une déterminative qui n'aurait pas dû être séparée des « inspecteurs » auxquels elle se rattache. Les virgules sont ici de trop.

Dans *Le Monde* cette fois, nous apprenons que :

> Le rappeur américain, Eminem, va commencer une tournée en Europe.

Ici « Eminem » est malencontreusement mis entre virgules et, séparé de « rappeur américain », prend une valeur explicative, laissant entendre qu'il n'existe qu'un seul rappeur américain, ce qui est manifestement inexact.

L'erreur inverse existe aussi. Ainsi, cette phrase relevée dans le même quotidien :

> Le président Bush est venu avec sa femme Laura.

En l'absence de virgule, Laura n'est qu'une des épouses du président parmi d'autres. Ce type de formulation passe souvent inaperçue. Et celle-ci est un véritable scoop : Bush est polygame !

La virgule manquante

Parfois l'erreur provient d'un oubli de virgule ouvrante ou fermante, ce qui crée des courants d'air dans la phrase, le lecteur cherchant instinctivement à replacer la virgule absente. Dans la préface de *Chier dans le cassetin aux apostrophes*, de David Alliot, un petit livre plaisant sur le vocabulaire des imprimeurs, la virgule fermante est restée dans le stylo :

> Les imprimeurs avaient accès, de par leur fonction à des écrits sulfureux comme le livre blasphématoire du curé Meslier […].

L'absence de virgule après « fonction » déséquilibre la phrase, et, comme un malheur n'arrive jamais seul, la virgule restante sépare le verbe (« avaient accès ») de son complément (« à des écrits ») !

Même impression de manque avec l'oubli de la virgule après « tout à la fois » :

> Il conserve en permanence un rictus étrange qui, tout à la fois exprime la surprise ou la crainte.
>
> San-Antonio, *Les huîtres me font bâiller*

Course de haies

Certaines phrases, croulant sous le poids des incidentes, appositions, explicatives censées clarifier le propos, fourmillent de virgules. Celles-ci ne sont pas fautives, mais elles « hachent » la phrase et la transforment en course de haies pour le lecteur.

Soyons pour une fois un peu critiques envers Marguerite Duras, qui, fait surprenant chez elle, accumule les virgules dans cette phrase de *Moderato cantabile* :

> Ce jour-là, même eu égard aux jours derniers, la bonté de ce temps fut telle, pour la saison bien entendu, que lorsque le ciel ne se recouvrait pas trop de nuages, lorsque les éclaircies duraient un peu, on aurait pu le croire encore meilleur, encore plus avancé qu'il n'était, plus proche encore de l'été.

Pas moins de huit virgules (notre logiciel de traitement de texte insatiable en réclame une supplémentaire avant « bien entendu » !) pour une description qu'elle complique à plaisir, lui donnant un tour précieux. Et l'on se prend parfois à regretter la sobre phrase classique.

En bref
LA VIRGULE

- *Coordonne des éléments grammaticalement équivalents (adjectifs, substantifs, verbes, propositions).*
- *Coopère avec les conjonctions de coordination dans certains cas.*
- *Isole du reste de la phrase les propositions explicatives, les incidentes, les incises, les apostrophes, les appositions…*
- *Signale que des éléments ont été déplacés à l'intérieur de la phrase.*
- *Permet l'ellipse : elle est « mise pour »… un mot, un verbe.*
- *Est suivie d'une espace forte.*

Voici une longue période de Rousseau, tirée du *Discours sur l'origine et les fondements de l'inégalité parmi les hommes*. Elle a fait l'objet d'un débat entre enseignants sur le site Internet Weblettres, les uns estimant que, sans ponctuation, elle serait incompréhensible, d'autres au contraire que sa structure rhétorique est si apparente qu'elle pourrait facilement s'en passer. À vous d'en juger : nous l'avons déponctuée. La solution se trouve page 194. Il n'y a que des virgules et deux points-virgules.

> Tant que les hommes se contentèrent de leurs cabanes rustiques tant qu'ils se bornèrent à coudre leurs habits de peaux avec des épines ou des arêtes à se parer de plumes et de coquillages à se peindre le corps de diverses couleurs à perfectionner ou à embellir leurs

arcs et leurs flèches à tailler avec des pierres tranchantes quelques canots de pêcheurs ou quelques grossiers instruments de musique en un mot tant qu'ils ne s'appliquèrent qu'à des ouvrages qu'un seul pouvait faire et qu'à des arts qui n'avaient pas besoin du concours de plusieurs mains ils vécurent libres sains bons et heureux autant qu'ils pouvaient l'être par leur nature et continuèrent à jouir entre eux des douceurs d'un commerce indépendant mais dès l'instant qu'un homme eut besoin du secours d'un autre dès qu'on s'aperçut qu'il était utile à un seul d'avoir des provisions pour deux l'égalité disparut la propriété s'introduisit le travail devint nécessaire et les vastes forêts se changèrent en des campagnes riantes qu'il fallut arroser de la sueur des hommes et dans lesquelles on vit bientôt l'esclavage et la misère germer et croître avec les moissons.

LA MISE EN SCÈNE
DU DISCOURS ET DES CITATIONS

« Paroles, paroles, paroles... »

Va-t'en, chétif insecte, excrément de la terre.
C'est en ces mots que le Lion
Parlait un jour au Moucheron.

Ainsi commence « Le Lion et le Moucheron », de La Fontaine : aucun traitement particulier pour le premier vers (ni guillemets ni italique) et cette absence d'apparat autour de la parole restera une constante jusqu'au XVIIIe siècle. Au XIXe, avec le développement du roman, dans lequel les dialogues occupent une place de plus en plus importante, les imprimeurs durent trouver des solutions typographiques inédites. Cette mise en scène du discours direct sera rendue possible grâce à l'intervention d'une équipe technique bien rodée, toujours active aujourd'hui : trois signes chargés respectivement d'annoncer (le deux-points), de borner l'ensemble (les guillemets) et de différencier les locuteurs (le tiret), en association avec les blancs, passages à la ligne et alinéas. S'y ajoutent les ponctuations liées à l'oralité (le point d'interrogation, le point d'exclamation et les points de suspension), les majuscules et le recours possible au caractère italique ou au gras (surtout dans la presse). Tout cet attirail n'est pas toujours présent en même temps et les combinaisons peuvent être multiples, allant de la plus simple (le passage au style direct est peu repérable typographiquement) à la plus élaborée, suivant l'effet recherché et la complexité de ce qui est rapporté : nombre d'interlocuteurs, pensées se mêlant aux dialogues...

Le plus simple appareil

Le discours rapporté peut se fondre dans le texte, comme cela s'est fait jusqu'au XVIIIe siècle. Les incises permettent au lecteur de savoir qui parle, mais les phrases s'enchaînent sans aucune rupture.

> Ces paroles me semblaient alors trop obligeantes pour n'en devoir pas remercier Madame de Lursay [...]. Ah ! Ciel ! m'écriai-je, quoi vous m'aimerez, vous me le direz ! Oui, Meilcour, reprit-elle en souriant, et en me tendant la main, oui, je vous le dirai, et le plus tendrement du monde ; serez-vous content ? Je ne lui répondis qu'en serrant avec ardeur la main que je lui avais saisie.
>
> Crébillon fils, *Les Égarements du cœur et de l'esprit*

Nous reproduisons le texte tel qu'il a paru en 1748. Cet ensemble, qui mêle récit et dialogue, forme un paragraphe entier. Dans une édition de poche récente, on a cru bon de réorganiser la présentation des parties dialoguées (on pourra lire le même paragraphe reponctué page 131).

Cette absence de mise en relief est loin d'avoir disparu, et les auteurs contemporains ont profité de la fluidité qu'elle procure. Ainsi Marguerite Duras, qui mêle discours indirect et discours direct :

> Il lui demande si elle veut partir de la maison. Elle lui sourit, elle dit que non, que ses cours n'ont pas repris à l'université, qu'elle a du temps pour rester là. Je vous remercie, elle dit, mais non. Et puis l'argent, je n'y suis pas indifférente.
>
> *Les Yeux bleus cheveux noirs*

On repère le glissement au discours direct uniquement grâce au passage à la première personne du singulier et à l'incise « elle dit ».

Une autre romancière, Leslie Kaplan, s'est créé « sa » manière propre d'introduire le dialogue en associant virgule et majuscule, sans rompre le cours de la narration :

> Elle m'avait dit une fois, J'ai tellement peur.

Choix qu'elle explique en affirmant que cela lui permet d'« être en phase avec le mouvement, avec quelque chose proche du mouvement de pensée. La virgule suivie d'une majuscule est plus rapide que le tiret, on va avec le personnage, c'est un rapprochement » (propos cités dans *La Langue française fait signe(s)*, de Rolande Causse).

La résurrection du tiret

Le tiret qui annonce le changement de locuteur est visible sur un manuscrit du IIIe siècle av. J.-C., une comédie de Ménandre ; il y indique le début de chaque réplique. On le retrouve mentionné chez Isidore de Séville, évêque et auteur des *Étymologies*, au VIIe siècle. Il semble ensuite disparaître pour faire un retour remarqué dans la seconde moitié du XVIIIe siècle. L'idée d'avoir recours à ce signe était dans l'air du temps, et le tiret s'impose d'autant plus que se développe le roman. En France, les auteurs jugent alors nécessaire de séparer clairement narration et dialogue et de supprimer les incises, trop nombreuses selon eux, qui alourdissent les textes. Diderot écrit *Le Neveu de Rameau* et *Jacques le Fataliste*, deux textes où abondent les échanges dialogués, organisés comme pour le théâtre, avec le nom du personnage qui parle suivi d'un tiret :

> Le maître ne disait rien ; et Jacques disait que son capitaine disait que tout ce qui nous arrive de bien et de mal ici-bas était écrit là-haut.
> Le Maître. — C'est un grand mot que cela.
> Jacques. — Mon capitaine ajoutait que chaque balle qui partait d'un fusil avait son billet.
> Le Maître. — Et il avait raison…
>
> *Jacques le Fataliste*

L'émergence du tiret, appelé tiret cadratin (—), va remettre au goût du jour un signe double un peu délaissé : les guillemets. Leur association va connaître un franc succès et les écrivains du début du XIXe siècle vont adopter, Victor Hugo en tête, cette nouvelle façon de présenter les dialogues.

Les guillemets en piste

Les guillemets encadrent les échanges à l'intérieur desquels le tiret indique le changement de locuteur. Le passage à la ligne et l'alinéa s'imposent eux aussi très vite, et la disposition suivante va prédominer au XIXe siècle :

> « Malheur ! malheur ! malheur ! répétèrent hommes et femmes en se jetant de la poussière sur la tête.
> — Hélas ! chère maîtresse, qui sait où tu es maintenant ? dit la fidèle suivante, laissant couler ses larmes [...].
> — Calme-toi, Nofré, dit le vieux Souhem, ne nous désespérons pas trop d'avance. [...] Nous allons la voir reparaître gaie et souriante, tenant des fleurs d'eau dans ses mains. »
>
> **Th. Gautier,** *Le Roman de la momie*

On remarquera que l'auteur ne renonce pas aux incises, car au-delà de deux intervenants (trois dans le court extrait ci-dessus), le lecteur pourrait hésiter dans l'attribution des répliques. Il les accompagne d'indications qui nous renseignent sur l'état du locuteur, comparables aux didascalies des pièces de théâtre.

Précisons que cette présentation est toujours largement utilisée aujourd'hui. C'est même celle qui a été retenue pour une édition contemporaine des *Égarements du cœur et de l'esprit*. Voici le passage que nous avons cité page 128 « reponctué » selon ce système, sans doute au nom de la « facilitation de la lecture » :

> Ces paroles me semblaient alors trop obligeantes pour n'en devoir pas remercier Madame de Lursay [...].

LA MISE EN SCÈNE DU DISCOURS ET DES CITATIONS

> « Ah ! Ciel ! m'écriai-je, quoi ! vous m'aimerez, vous me le direz !
> — Oui, Meilcour, reprit-elle en souriant, et en me tendant la main. Oui, je vous le dirai, et le plus tendrement du monde. Serez-vous content ? »
> Je ne lui répondis qu'en serrant avec ardeur la main que je lui avais saisie.

Pourtant, dès le XIXe siècle, certains auteurs, dont Flaubert, vont vouloir retrouver plus de liberté et de souplesse dans la transcription des dialogues. Dans son dernier ouvrage, *Bouvard et Pécuchet*, il garde le principe de l'alinéa et du tiret, mais supprime le cadre rigide des guillemets et bien souvent les incises (mais il s'arrange toujours pour qu'on puisse aisément savoir qui parle) :

> Après le dîner, où ils mangèrent fort peu, Pécuchet dit avec douceur :
> — Nous ferions bien de voir à la ferme s'il n'est pas arrivé quelque chose ?
> — Bah ! pour découvrir encore des sujets de tristesse !
> — Peut-être ! car nous ne sommes guère favorisés.

Cette nouvelle présentation offre la possibilité aux auteurs d'utiliser les guillemets à d'autres fins : ils marquent alors la réplique isolée, la pensée rapportée, le chuchotement.

Monsieur Loyal

On a vu apparaître, dans l'extrait précédent, le Monsieur Loyal du discours rapporté : le deux-points. Précédé de formes verbales telles que « il dit », « il s'écrie », « il s'exclame », « il murmure »…,

« PAROLES, PAROLES, PAROLES... »

le deux-points joue son rôle de présentateur de la parole, séparant nettement narration et citation.

Si le passage au style direct se fait au cours de la phrase, le deux-points est presque de rigueur. Dans l'exemple qui suit, il est associé à la majuscule :

> Elle dit : Ce n'est rien, c'est l'émotion. D'abord, il doute du mot, il demande : L'émotion ? Puis il le dit pour le prononcer sur ses propres lèvres sans interrogation aucune, sans objet : L'émotion.
>
> M. Duras, *Les Yeux bleus cheveux noirs*

Alors qu'elle utilise par ailleurs une présentation plus « classique » du dialogue (passage à la ligne, alinéa et tiret), Marguerite Duras choisit ici volontairement de laisser naître la parole sans heurt visuel.

Le deux-points est suivi des guillemets, isolant clairement la réplique du reste du texte :

> Cependant une main, le saisissant au passage, glissa le long de son bras en déchirant sa chemise et une voix sourde où il y avait de la haine dit : « C'est l'empoisonneur. »
>
> J. Giono, *Le Hussard sur le toit*

Le rôle introducteur du deux-points peut être renforcé par le passage à la ligne et l'ouverture de la réplique par un tiret ou un guillemet ouvrant :

> Il se tourna vers moi, et d'une voix nonchalante, qui laissait traîner les mots comme des savates, il me dit :
> — Moi... je suis un type dans le genre de Balzac... je bois énormément de café.
>
> A. Allais, *Deux et deux font cinq*

> Il répondit d'une voix affermie :
> « En mon âme et conscience, oui... je crois que ces morts sont naturelles... »
>
> G. Leroux, *Le Fauteuil hanté*

Et, bien sûr, on peut sortir le grand jeu : deux-points, passage à la ligne, alinéa, guillemet, tiret (notons que le premier tiret disparaît au profit du guillemet)

> Nous nous sommes reconnus en même temps :
> « Oh, Archie !
> — Oh, Gertie ! »
>
> V. Larbaud, *A. O. Barnabooth*

Toutes les présentations du discours direct que nous avons mentionnées sont aujourd'hui utilisées par les écrivains, qui en privilégient certaines, les mêlent parfois dans le même ouvrage, jouant de toutes ces possibilités offertes.

Le choix qui est effectué de fondre le discours direct dans la narration ou, au contraire, de l'en extraire influe sur l'aspect visuel du texte, mais surtout sur la valeur accordée par l'auteur à cette « autre voix » qu'il fait intervenir et donc sur son style. Le respect de ces choix semble aujourd'hui acquis pour les auteurs contemporains. Il ne reste plus qu'à respecter également les auteurs du passé, dont les œuvres sont trop souvent défigurées.

Rendons à César...

Les citations ont toujours eu un traitement particulier à l'intérieur du texte, lié au besoin d'attribution précise des paroles d'autrui. Le repérage des citations, longtemps assuré par l'italique, va devenir durant les XVIIe et XVIIIe siècles l'apanage des guillemets. « Ouvrant » et « fermant » la citation, ils sont répétés (sous leur forme fermante) à chaque début de ligne, généralement dans la marge de gauche : on les appelle « guillemets de suite ». Cette présentation, qu'on ne rencontre presque plus, était employée pour les longues citations, qui couraient parfois sur plusieurs pages.

Aujourd'hui dans la presse, bien différencier ce qui est écrit par le journaliste et ce qui est dit ou écrit par quelqu'un d'autre est tout aussi capital (cela permet parfois d'éviter un procès) : la citation sera encadrée de guillemets et mise en relief par un changement de caractère : le texte courant étant le plus souvent en romain, on passe à l'italique, comme dans cet exemple tiré du *Canard enchaîné* (la scène se passe à l'Assemblée et le ministre de la justice vient de parler) :

> En se rasseyant sur le banc des ministres, Clément, tout penaud, glisse à ses collègues : « *Merde, j'ai encore dit une connerie !* »

Cette présentation se rencontre dans la majorité des journaux, mais ce n'est pas une règle absolue : le même *Canard enchaîné*, qui aime la variété, présente certaines citations en gras plutôt qu'en italique.

> Voilà quelques jours, notre ami [Jean-Louis Bruguière] a été intronisé « **premier fumeur de pipe de France** » par la confrérie des maîtres pipiers de Saint-Claude (Jura).

Les différences que les lecteurs peuvent remarquer dans ce traitement typographique des citations s'expliquent par ce qu'on appelle la « marche » d'un journal, c'est-à-dire l'ensemble de ses règles propres, notamment sur l'utilisation de l'italique et des guillemets, mais aussi sur la transcription des mots étrangers, l'emploi des majuscules...

S'il suffit maintenant d'un simple clic pour changer de caractère, il n'en était pas de même au temps de la composition au plomb : l'italique revenait cher... d'où l'utilisation des guillemets seuls pour les citations. Aujourd'hui, période d'abondance, nous cumulons allègrement les deux !

Pour la présentation des interviews, on constate que la tendance est à la simplicité dans presque tous les journaux : le texte s'organise en questions posées (italique ou gras) et réponses, en général en romain. La mention « Propos recueillis par... » parachève l'ensemble.

Barbe au-dessus ou barbe en dessous ?

Le problème du positionnement de la ponctuation finale d'une phrase comprenant une citation est l'un des plus épineux. Faut-il mettre le point (ou toute autre ponctuation finale) à l'intérieur ou à l'extérieur des guillemets ? Cette question est presque aussi métaphysique que celle posée par le sadique Allan au capitaine Haddock dans *Coke en stock* quand il lui demande s'il dort « avec la barbe au-dessus ou en dessous des couvertures ».

Des règles ont été édictées par les typographes pour résoudre ce problème :

— si la citation forme une phrase complète (généralement intro-

duite par un deux-points, elle commence par une majuscule), la ponctuation finale se trouvera à l'intérieur des guillemets ;
— si la citation est partielle, la ponctuation finale sera rejetée après le guillemet fermant.

Mais cette belle rigueur est parfois battue en brèche et les phrases ne se laissent pas toutes apprivoiser aussi facilement. Et *quid* des citations à l'intérieur des citations ? Quels guillemets ? (tiens ! ces phrases n'ont pas de verbe, nous fait remarquer le traitement de texte)... Utilisera-t-on l'italique ou le romain ? On voit quel abîme s'ouvre devant nous, et que, comme le capitaine, cela va peut-être nous empêcher de dormir.

Commençons par le plus simple : la citation est une phrase complète terminée par un point et introduite par un deux-points. La ponctuation se place à l'intérieur des guillemets :

> Sous un déluge de bombes à Londres, il arrivait à Churchill, selon son biographe, de soupirer : « *Je n'aurais jamais dû quitter ma nursery et mon ourson. Depuis, tout s'est trop compliqué.* »
> Le Figaro

Si une incise, une considération du journaliste se glissent à l'intérieur de la citation, ces irruptions se traduiront par un changement de la « casse » : on passe de l'italique au romain, sans fermer les guillemets avant l'incise :

> « *Depuis les Grecs*, rappelle le psychologue, *les hommes ont toujours aimé représenter le corps de la femme en peinture ou en sculpture, mais jamais ils ne l'ont représenté tel qu'il est en vérité avec sa toison pubienne.* »
> Le Monde, « Poils à cacher »

Assez facile : la citation, même longue, n'est pas introduite par le deux-points, mais s'insère dans la continuité de la phrase. La ponctuation se place après le guillemet fermant :

> Selon Rusana, « *ce n'est pas par hasard qu'ils ont choisi de le tuer de façon démonstrative. Il fallait un exemple afin d'ôter à quiconque l'envie d'être comme lui, de demander des comptes* ».
>
> Le Monde

Un peu plus difficile : si la citation contient elle-même une citation, il est d'usage d'encadrer cette citation « en second » de guillemets anglais (" ").

Dans un article du *Nouvel Observateur*, le journaliste cite Alain Robbe-Grillet :

> « Émile Henriot n'a jamais cessé de démolir mes romans. Un jour, il m'a avoué : "Louez-moi, j'ai le souci de votre avenir. Que penserait-on de vous, si je me mettais à les aimer ?" »

Avec cette citation et sa citation interne, la règle suivie a pour effet de faire porter l'interrogation contenue dans la phrase d'Henriot sur l'ensemble de la phrase de Robbe-Grillet. Il aurait mieux valu ajouter un point final à l'extérieur des guillemets, même si cela entraîne la présence de quatre signes successifs :

> .... à les aimer ?" ».

Dans son ouvrage sur la ponctuation, Nina Catach aborde ce problème de la lutte d'influence entre les ponctuations finales de citation et de phrase. Elle considère qu'on pourrait adopter le principe d'un point unique en fin de phrase, après les guillemets, quel que soit le « statut » de la citation : « La phrase complète ou le paragraphe sont strictement délimités par la majuscule ouvrante et le point final (ou point équivalent). Tout segment doit s'incliner devant ces marques majeures ».

Et pour illustrer ses propos, nous avons mis le point en dehors de la citation, permettant ainsi au paragraphe précédent de se terminer par un point et non par un guillemet fermant. Cette règle, qui éviterait bien des complications, n'est cependant pas à l'ordre du jour !

En bref

- LE DEUX-POINTS *annonce le discours direct et les citations complètes.*
- LES GUILLEMETS FRANÇAIS *encadrent les passages dialogués, les pensées, les murmures et les citations. En cas de citation dans la citation, on a recours aux* GUILLEMETS ANGLAIS.
- LE TIRET *indique dans les dialogues le changement de locuteur.*

LES GUILLEMETS

Un jeu de « guilles »

Comme les Dupont(d), les guillemets vont toujours par deux : lorsque le premier paraît, le second n'est jamais loin. La naissance de ces duettistes remonte au XVIe siècle, mais ils ne prendront leur envol que dans la seconde moitié du XVIIe siècle. Leur nom, attesté en 1677, serait le diminutif de Guillaume, un imprimeur qui, afin d'éviter le surcoût lié à l'utilisation de l'italique pour les citations, aurait introduit le nouveau signe. Ce Guillaume fait partie de la légende dorée de la ponctuation, et nous ne pouvions le passer sous silence…

Longtemps les guillemets seront, comme le dit Furetière, « des petites virgules doubles », et les guillemets anglais (" ") en ont gardé la forme. De cette origine, les guillemets français conserveront longtemps de beaux arrondis (« »), la forme en chevrons qui nous est aujourd'hui familière (« ») ne se généralisant qu'au XXe siècle. Comme le remarque Jean Méron dans sa *Grammaire typographique*, « c'est moins la forme que la position qu'ils occupent sur la portée qui caractérise les guillemets ‹ français ›. Centrés verticalement par rapport aux lettres médianes ou ‹ posés › sur la ligne de base, ils évitent toute confusion avec d'autres signes (apostrophe, virgule...), favorisant ainsi la lisibilité ».

Signalons au passage que cet auteur milite pour l'utilisation des guillemets français simples (‹ ›), que nous reproduisons ici. Ils existent, puisque vous les avez vus ! mais ne font pas partie des signes courants.

Le xixe siècle a mis en place le célèbre trio, dont le succès ne s'est toujours pas démenti, « deux-points ; guillemets ; tiret », les guillemets encadrant les dialogues, annoncés par le deux-points et à l'intérieur desquels le tiret précède les interventions des divers locuteurs.

Les problèmes spécifiques des guillemets de citation et de dialogue sont abordés en détail dans le chapitre « *Paroles, paroles, paroles...* ».

Les avisos des mots

Les guillemets ne se contentent pas de cette fonction d'encadrement des citations, ils escortent à l'intérieur du texte certains mots auxquels l'auteur, pour des raisons variées, réserve un traitement particulier.

Tout d'abord si le mot est cité simplement en tant que mot (autonymie) :

> Attention : « anagramme » est du genre féminin.
> *500 Jeux avec les mots*, Larousse

Leur rôle, que l'on pourrait qualifier de « positif », est de mettre en valeur le titre d'une œuvre, un nom de navire, une enseigne...

(il est dans ce cas en concurrence avec l'italique), un mot rare ou familier, un surnom..., ou d'insister sur le sens d'un terme. Le caractère italique est de tradition (comme la baguette) pour les mots étrangers, leur traduction étant donnée entre guillemets.

> Aucun des noms de rois sur les inscriptions de sceaux n'est précédé du signe de l'étoile qui se dit *dingir*, « dieu » en sumérien, et caractérise les rois divinisés en Mésopotamie.
>
> G. Roux, Initiation à l'Orient ancien

Les guillemets « emballent » le mot ou le groupe de mots, le transformant en « paquet-cadeau » livré au lecteur. À lui d'apprécier le surnom bien trouvé :

> Allait-elle signifier son congé à mon rival, le pharmacien, qu'elle surnommait « L'apôtre », celui qui la comblait de parfumerie...
>
> H. Calet, Monsieur Paul

De savourer la précision des termes :

> Et, en effet c'est bien « les femmes » qui m'attirent et non « les dames ».
>
> V. Larbaud, A. O. Barnabooth

De s'amuser d'un mot d'enfant :

> J'ai toujours été obstiné : il paraît que j'ai voulu que mes parents me couchent avec mes premières chaussures, mes « yéyés » jaunes, et que j'ai obtenu gain de cause.
>
> H. Calet, ibid.

De goûter une expression populaire :

> Quand on est « d'âge », qu'on fume beaucoup, qu'on

> boit un peu et qu'on a de petits ennuis discaux, découvrir brusquement un chemin abrupt à gravir n'a rien de tonique.
>
> P. Magnan, *Le Commissaire dans la truffière*

De retrouver le sens premier d'un mot :

> Je m'en souviens bien du jour, un jeudi, le jour du marché aux Lilas... Il avait des occasions plein une « toilette » encore étendue par terre à ses pieds.
>
> Céline, *Voyage au bout de la nuit*

La mise entre guillemets signale une référence à une œuvre que l'auteur estime connue du lecteur, instaurant avec ce dernier une connivence culturelle. Dans l'exemple qui suit, Bachelard reprend approximativement Musset, sans le nommer :

> Quelle grande tâche ce serait pour un psychologue de dégager [...] la personnalité de cet être intime, de cet être double qui « nous ressemble comme un frère » !
>
> G. Bachelard, *La Flamme d'une chandelle*

Les « guilles » et l'argot

En règle générale, les guillemets signalent un changement de registre, souvent l'irruption d'un mot argotique ou grossier (mais tout aussi bien un mot très technique) : corsetés dans leurs guillemets, les mots sont ainsi isolés et montrés comme étrangers au reste du texte :

> « Con », ça ne pouvait être qu'un de ces « vilains mots » qui grouillaient dans les bas-fonds du vocabu-

> laire et qu'un enfant bien élevé ne rencontre jamais ; court et brutal, il avait l'horrible simplicité des bêtes élémentaires.
>
> J.-P. Sartre, *Les Mots*

Quand la langue familière et argotique devient majoritaire au sein d'un texte, comme c'est le cas dans les romans policiers, ces mots d'habitude stigmatisés s'épanouissent sans retenue sur la page. Nous pensons bien sûr à San-Antonio, qui ne met pas de « guilles » (en argot typographique, ce sont nos guillemets) aux mots d'argot, pas plus d'ailleurs qu'à ses — nombreux — passés simples fantaisistes.

> Je perplexitis. Me mis à la fenêtre pour mater la placette pavée servant de parking. N'y vis pas notre chignole...
> Lors, je téléphonis à la réception et demandis si l'on avait aperçu mon aminche.
>
> *Ceci est bien une pipe*

Cet extrait rend nerveux notre logiciel de traitement de texte...

De cet exemple, on ne doit pas déduire qu'on ne rencontre pas de guillemets chez cet écrivain. Ceux-ci apparaissent dans des emplois qui ne lui sont pas personnels (mais nous apprécions de rester en sa compagnie), quand il opère un détournement de sens, par exemple :

> Elle est entrée dans la catégorie des « encombrants », de ceux dont la famille attend le décanillage définitif.
>
> **San-Antonio**, *ibid.*

Ou que le mot ne doit manifestement pas être pris « au pied de la lettre » :

> Trop de « suicides » de P.-D.G. ont éveillé la suspicion des autorités.
>
> Ibid.

Ou que l'expression est un cliché volontairement souligné :

> Dans les *books* moins bien entretenus que les miens, certains auteurs te balancent le cliché sur « la mare de sang ».
>
> Ibid.

Ou bien encore que la locution est courante :

> En langage glandu (le plus usité à notre époque) cela s'appelle « jouer le tout pour le tout ». Certains disent « le tout pour le toute », persuadés qu'un « e » muet excédentaire accrédite la culture qu'ils n'ont point.
>
> <div align="right">San-Antonio, <i>Du sable dans la vaseline</i></div>

Gardes d'enfants

Tout le monde « néologise », invente des mots ; la presse en produit presque tous les jours, notamment à partir de noms propres (rocardiser, Chiraquie, fabiusien, etc.), et certaines de ces créations finissent par entrer dans les dictionnaires. Mais avant de connaître cette consécration, elles sont en général guillemetées.

Ainsi un mot a-t-il fleuri récemment dans la presse : il s'agit des « recalculés » des Assedic. Ce néologisme omniprésent dans les médias remplace un long développement — sans lui, il faudrait écrire *les chômeurs dont les indemnités ont été recalculées à la baisse* —, et l'on comprend par là son succès. Il conserve pour

LES GUILLEMETS

l'instant ses guillemets... Qu'en sera-t-il dans quelques années ? Aura-t-il disparu ? Sera-t-il entré dans le vocabulaire courant ? Nous touchons au mystère insondable de l'avenir des mots et de l'assurance-chômage.

On rencontre aussi des néologismes en liberté : le critique théâtral du *Canard enchaîné*, Bernard Thomas, qui ne se prive pas d'en fabriquer, lâche ses créatures dans l'article, laissant au lecteur le plaisir de les découvrir. Rendant compte d'une mise en scène du *Malade imaginaire*, il écrit :

> Pour un peu, Molière défunctant en scène à la quatrième représentation de sa pièce le 17 février 1673 ressusciterait en apprenant la bonne nouvelle. [...] Après tant de versions lacanisées, ouf !

Tout comme San-Antonio, encore lui, qui prend tout de même la peine de nous fournir l'« étymologie » du nouveau mot :

> Nous entreprenons de débuler (abréviation de « déambuler ») parmi ces gisants.
> *Du sable dans la vaseline*

À prendre avec des pincettes

Répondant en « négatif » aux guillemets de mise en valeur, les guillemets de mise à distance montrent que l'auteur se démarque de ce qu'il écrit, que le mot est approximatif mais qu'il n'en a pas trouvé de plus approprié, qu'il ne faut pas le prendre au sérieux ou encore qu'il ironise. Les mots semblent « tenus avec des pincettes ». L'auteur dégage ainsi sa responsabilité : grâce aux guillemets, le lecteur est prévenu qu'il lui incombe d'« interpréter ». Cette distance permet aux journaux de titrer, de façon caustique :

> Unedic : le « cadeau de Noël » du Medef
>
> *L'Humanité*

De façon décalée, attirant l'attention sur le double sens :

> À l'UMP, les « primaires » ne manquent pas !
>
> *Le Canard enchaîné*

De façon inexacte, mais frappante pour le lecteur :

> Des globules blancs «tueurs» de cellules cancéreuses
>
> *Libération*

(Ce journal a la particularité de « coller » les guillemets français, ce qui étouffe un peu le mot.)

Dans le cas du discours indirect, les guillemets maintenus par l'auteur autour de certaines expressions peuvent prendre un aspect moqueur, en marquant ostensiblement un trop grand respect de la parole d'autrui :

> Elle était assez rustique de manières, mais travailleuse ; elle avait quitté ses précédents patrons parce qu'il se passait « de drôles de choses » entre « Madame » et son fils.
>
> H. Calet, *Monsieur Paul*

On voit que les possibilités de « guillemetage » sont pour ainsi dire infinies. Mais gardons à l'esprit que la force de ces chevrons réside dans la parcimonie avec laquelle ils sont employés : l'accumulation de mots entre guillemets rend caduc l'effet recherché. À trop vouloir faire dire aux mots autre chose que ce qu'ils disent, on risque de lasser le lecteur : résister à la tentation des guillemets (comme à celle de Venise) est parfois nécessaire.

En bref
LES GUILLEMETS ENCADRENT
___

- *Les citations, les paroles rapportées, les surnoms.*
- *Un mot désigné en tant que mot (autonymie).*
- *Les mots qui s'écartent du registre du texte : grossièretés, régionalismes ; mais aussi les néologismes, les mots pris dans un sens inhabituel ou utilisés avec une intention ironique.*
- *Les mots que l'auteur n'assume pas pleinement.*
- *Rappelons que, dans presque tous leurs emplois, les guillemets peuvent être remplacés par l'italique.*
- *Les guillemets sont un signe double : l'ouvrant est précédé d'une espace forte et suivi d'une espace fine ; le fermant, précédé d'une fine et suivi d'une forte.*

LES PARENTHÈSES

Les belles arrondies

Ces signes aux courbes harmonieuses tirent leur nom d'une antique figure de rhétorique : « la parenthèse » (*parenthesis*, en grec), qui consistait à intercaler une phrase à l'intérieur d'une autre. De ce sens ancien, nous avons gardé l'expression « par parenthèse » (au singulier), qui apparaît au XVIe siècle et sera supplantée au XIXe par « entre parenthèses » (au pluriel) en référence cette fois aux signes de ponctuation. Venues d'Italie vers la fin du XVe siècle, les parenthèses sont les doyennes des signes doubles (suivront les guillemets et les tirets).

Elles ne se désolidarisent jamais — la parenthèse fermante ne tombe pas devant une ponctuation forte, contrairement au tiret fermant. Leur champ d'action est en partie le même que celui des tirets : elles enserrent un mot, une énumération, une phrase, mais s'en distinguent en ce qu'elles sont capables de délimiter un paragraphe entier ou, à l'inverse, de prendre un seul signe dans leurs lacs… (le lacs des signes, en hommage à Tchaïkovski…).

La verticalité des parenthèses s'oppose à l'horizontalité des tirets : là où ceux-ci isolent en douceur, les parenthèses enserrent de façon plus possessive (Freud, au secours !).

Les parenthèses ne sont jamais précédées d'une virgule ; la parenthèse ouvrante est collée au mot ou au signe qui la suit, comme la fermante à ce qui la précède ; après la parenthèse fermante, on peut rencontrer un autre signe, en particulier la virgule et tous les signes de clôture. Si le contenu entre parenthèses forme un tout (une phrase ou plusieurs, un paragraphe), la ponctuation finale se mettra avant la parenthèse fermante.

Ces règles s'appliquent également aux crochets, dont nous parlons à la fin de ce chapitre.

Des signes « utiles »

Que met-on entre parenthèses ? La parenthèse (on désigne alors au singulier le texte qu'enferment les deux parenthèses ouvrante et fermante) relève-t-elle de l'accessoire, du superflu, du « bonus » ? Dans la presse, son rôle s'apparente quelque peu à cela. Elle se limite souvent à apporter une information pratique (dates, références, nom de lieu), à indiquer un sigle, un appel de note, etc., dont l'absence n'empêcherait en rien la compréhension du texte. Usage « utilitaire », pourrait-on dire. La parenthèse n'est pas indispensable au lecteur, mais elle lui apporte un complément d'information non négligeable.

En voici quelques exemples. Dans le premier, *Le Canard enchaîné* cite ses sources :

> La firme Philip Morris ne manque pas d'air. Le géant américain du tabac a mis au point un aérosol pour soigner les maladies respiratoires (« Le Journal du dimanche », 25/12).

Dans le deuxième, le même hebdomadaire apporte des précisions chiffrées :

> Selon les experts de l'Inra, la seule solution pour vraiment diminuer la quantité de pesticides utilisée (la France est le champion européen avec 76 100 tonnes aspergées en 2004) est d'instaurer une taxe.

Dans le dernier, tiré de *Science et Avenir*, il s'agit simplement de mentionner un sigle :

> En dix ans, le nombre de troubles musculo-squelettiques (TMS), dus à des gestes répétitifs, a été multiplié par dix en France.

Détournées par un écrivain, ces parenthèses informatives peuvent créer du cocasse. Alphonse Allais développe une parenthèse bibliographique qui prend le pas sur la phrase qu'elle est censée compléter :

> Je vendis mes meubles, mes bibelots, mes livres (et même un monologue, *La Nuit blanche d'un hussard rouge*, avec dédicace de l'auteur, publié chez Paul Ollendroff, 28 *bis*, rue de Richelieu, qui me rapporta une assez jolie somme).
>
> À la une!

Mais nous nous écartons avec cette parenthèse de l'emploi « subalterne » que nous venons de définir.

Les parenthèses sont mises à contribution pour les indications scéniques dans les textes théâtraux (l'italique est souvent appelé en renfort), comme dans cette réplique tirée d'une pièce de Feydeau :

> Madame Virtuel. — Oui, oh ! Je sais ! aujourd'hui, c'est le genre ! (*Minaudant et la bouche en cul-de-poule.*) On

ne mange plus de potage ! (*Énergique.*) Moi, je suis de la vieille école ! la bonne ! celle qui ne fait pas de progrès !

Léonie est en avance

Notons que seul l'intérieur de la parenthèse est en italique, les parenthèses restant en romain. Mais il y a en ce domaine deux écoles, et l'on rencontre plus couramment les parenthèses dans le style de leur contenu, surtout dans la presse : *(voir ci-contre)* ou *(lire notre encadré)*, etc.

Elles sont également employées pour proposer un choix, en particulier entre le masculin et le féminin, le singulier et le pluriel, comme dans cet article du *Monde* à propos de la candidature socialiste à l'élection présidentielle de 2007 :

> « *Il est beaucoup trop tôt pour trancher. Nous nous déciderons en temps voulu sur le ou la candidat(e).* »

L'énumération trouve aussi sa place entre les parenthèses, comme dans cet extrait d'un article retraçant la carrière du dessinateur de presse Jacques Faizant. La parenthèse n'est là que pour mémoire :

> Jacques Faizant y crée [à *Jours de France*] divers personnages (les Marins, les Chats, les Vagabonds) avant d'imaginer les Vieilles Dames pour un autre hebdomadaire qui sollicite sa collaboration, *Paris Match*.
>
> **Le Monde**

Mise à distance et isolement

Nos belles arrondies (certains esprits chagrins les trouvent « bedonnantes ») indiquent toujours au lecteur que leur contenu ne se situe pas sur le même plan que le reste du texte, qu'il est « en marge », exclu et pourtant présent : le lecteur pourrait, avec un petit entraînement, ignorer visuellement les passages entre parenthèses pour obtenir une phrase sans accrocs, débarrassée de ces scories.

Cette mise entre « par' » (surnom des parenthèses pour les typographes) manifeste bien la mise à part... d'un signe, d'un mot, d'une phrase.

Les parenthèses peuvent enfermer un point d'exclamation ou d'interrogation quand l'auteur veut prendre de la distance vis-à-vis de ce qu'il écrit. Ici, Alphonse Allais s'interroge lui-même sur le sens du mot qu'il emploie :

> D'hypothèques en licitations (?), les biens domaniaux du marquis s'étaient envolés aux quatre vents des enchères publiques.
>
> *Vive la vie !*

Ailleurs, il met manifestement en doute les idées d'un éphémère président de la République :

> Leur soif de justice sociale s'étanche aux idées (!) de Deschanel.
>
> **Deux et deux font cinq**

Les points de suspension entre parenthèses ont un statut à part : ils ne signifient jamais le doute de l'auteur, mais marquent la coupure, l'absence d'un mot ou d'une portion de texte.

Les parenthèses sont utilisées, comme les tirets, pour opérer le « décrochement » d'un adverbe, d'un adjectif... : une variante proposée par l'auteur, qui aurait pu (dû) ne pas être là : elle est la trace d'une hésitation, d'une volonté d'affiner le propos, d'une rectification avouée. Ce mot « en plus » tire de sa mise entre parenthèses une force en apparente contradiction avec sa fragilité.

Dans l'exemple suivant, Alain Robbe-Grillet (académicien depuis peu) juxtapose deux adverbes, dont l'un est entre parenthèses : cet adverbe de « deuxième choix » s'ajoute au premier, permettant une double lecture. On pense au repentir pictural : mais le peintre, au contraire de l'écrivain, ne peut laisser coexister deux variantes sur le même tableau !

> Voilà donc peut-être ce qui reste de quelqu'un, au bout de si peu de temps, et de moi-même aussi bientôt, sans aucun doute : des pièces dépareillées, des morceaux de gestes figés et d'objets sans suite, des questions dans le vide, des instantanés qu'on énumère en désordre sans parvenir à les mettre véritablement (logiquement) bout à bout.
>
> *Le miroir qui revient*

Chez le même auteur, un adjectif entre parenthèses, proche sémantiquement de celui qui le précède, apporte une orientation légèrement différente. Robbe-Grillet fait ici partager au lecteur son propre questionnement :

> [Jean-Paul Sartre] avait encore, lui, le désir d'enfermer le monde dans un système totalisant (totalitaire ?) digne de Spinoza et de Hegel.
>
> *Ibid.*

Les parenthèses permettent d'isoler graphiquement, et ce plus fortement que les tirets, comme dans cet exemple tiré du *Monde des livres* où l'auteur les utilise pour répondre aux questions qu'il pose :

> L'historien se régale d'autant plus que Meier pose toutes les questions, sans exception, même celles qui ont longtemps gêné les Églises : Jésus avait-il des frères et sœurs (oui, probablement) ; Jésus était-il marié (probablement pas, pour des raisons religieuses) ?

La parenthèse complice

L'une des principales fonctions des parenthèses consiste à enfermer une intervention de l'auteur, qui s'adresse alors directement au lecteur, instaurant une complicité avec lui. San-Antonio est coutumier du procédé :

> L'embarcation est légèrement inclinée pour présenter son côté tribord, le meilleur sans doute, à l'instar de certaines stars dont un profil est moins tarte que l'autre (j'ai des noms mais je ne les donnerai pas).
> *Les huîtres me font bâiller*

Cette parenthèse rompt le cours de la narration puisque l'auteur s'y exprime alors directement à la première personne.

L'aparté peut s'allonger et se développer en un paragraphe, comme dans cet exemple d'Alphonse Allais :

> Quant à Angéline, au moment où je la connus, elle utilisait ses talents chez une grande modiste de la rue de Charonne.

Son teint pétri de lis et de roses m'alla droit au cœur.
(Je supplie mes lecteurs de ne pas prendre au pied
de la lettre ce pétrissage de fleurs. Un jour de l'été dernier, pour me rendre compte, j'ai pétri dans ma cuvette
des lis et des roses. C'est ignoble ! et si l'on rencontrait
dans la rue une femme lotie de ce teint-là, on n'aurait
pas assez de voitures d'ambulance urbaine pour l'envoyer à l'hôpital Saint Louis.)

À se tordre

Le même Alphonse Allais fait remarquer au lecteur les erreurs qu'il laisse à dessein :

> Derrière le sacré grand homme, de fort jolies jeunes femmes, presque entièrement dévêtues agitent des plasmes en palmodiant...
> (Allons bon ! voilà que je me trompe !)
> ... agitent des palmes en psalmodiant des hymnes qu'accompagnent en sourdine les orchestres les plus mystérieux, sous la direction de notre ami Claude Debussy.

À la une !

Paul Verlaine, dans l'exemple suivant, les utilise pour enfermer ses propres interrogations, qu'il fait partager à celle à qui s'adresse le poème, et au lecteur par la même occasion :

> Au temps où vous m'aimiez (bien sûr ?)
> Vous m'envoyâtes, fraîche éclose,
> Une chère petite rose, [...].

Amour, « À Madame X... »

Les parenthèses sont aussi le moyen de livrer les pensées intérieures d'un personnage, comme le fait Giono avec Antinoüs, alors en conversation avec Pénélope :

> « Je t'ai déjà dit, Pénélope, le mieux serait de ne plus nous voir. »
> (Oh ! les joies solitaires, les lirelis perdus sur la flûte de canne et le délice des ombrettes ! Et si la lavandière passait, la bien roulée aux yeux verts !...)
> Naissance de l'Odyssée

Si Pénélope connaissait, comme le lecteur, le contenu de la parenthèse, n'en concevrait-elle pas quelque jalousie ?... La connivence entre l'auteur et le lecteur est ici plus fine puisqu'elle passe par le détour d'un personnage.

Tout comme chez Valery Larbaud, dont la parenthèse prend un tour ironique, l'auteur faisant ainsi partager au lecteur, sur un ton désenchanté, les tristes perspectives de la vie du personnage. L'adresse est ici plus directe puisque le narrateur parle à la première personne :

> Ah ! et tandis qu'ainsi je me débats, ma vie se poursuit, et continue comme un récit que j'écoute, et mon destin se détermine dans chaque instant (ces hauts et ces bas du moi étaient prévus de tout temps), et sans le savoir, je « fais » la maladie dont je mourrai un jour. (Ce que je fais de plus sérieux sans doute.)
> A. O. Barnabooth

Au service de la digression

S'insérant dans les phrases, qui s'allongent parfois de manière démesurée, ou s'intercalant entre elles, la parenthèse devient digression (pardonnez-nous la longueur exceptionnelle des exemples qui vont suivre !). Elle autorise les ruptures de ton, les avis personnels, les anecdotes, bref elle crée des changements de direction, d'agréables vagabondages, avant le retour au sujet principal. Proust (grand amateur de parenthèses) n'hésite pas à en mettre plusieurs dans cette phrase où il raconte la visite du curé à sa tante Léonie :

> Le curé (excellent homme avec qui je regrette de ne pas avoir causé davantage, car s'il n'entendait rien aux arts, il connaissait beaucoup d'étymologies), habitué à donner aux visiteurs de marque des renseignements sur l'église (il avait même l'intention d'écrire un livre sur la paroisse de Combray), la fatiguait par des explications infinies et d'ailleurs toujours les mêmes.
> *Du côté de chez Swann*

Il apparaît pourtant bien chiche en comparaison avec Claude Simon, qui, dans la première — très longue — phrase de *Palace* (analysée de façon détaillée par la linguiste Sabine Boucheron), insère quatre parenthèses, dont l'une renferme en outre une « parenthèse » entre tirets : ces parenthèses en chapelet contrarient le déroulement de la phrase, en ralentissent le rythme et entravent la lecture.

> Et à un moment, dans un brusque froissement d'air aussitôt figé (de sorte qu'il fut là — les ailes déjà

repliées, parfaitement immobile — sans qu'ils l'aient vu arriver, comme s'il avait non pas volé jusqu'au balcon mais était subitement apparu, matérialisé par la baguette d'un prestidigitateur), l'un d'eux vint s'abattre sur l'appui de pierre, énorme (sans doute parce qu'on les voit toujours de loin), étrangement lourd (comme un pigeon en porcelaine, pensa-t-il, se demandant comment dans une ville où la préoccupation de tous était de trouver à manger ils s'arrangeaient pour être aussi gras, et aussi comment il se faisait qu'on ne les attrapât pas pour les faire cuire), avec son soyeux plumage tacheté, gris foncé, à reflets émeraude sur la nuque et cuivrés sur le poitrail, ses pattes corail, son bec en forme de virgule, sa gorge bombée : quelques instants il resta là, l'œil stupide et rond, tournant la tête sans raison à droite et à gauche, passant d'une position à l'autre par une série de minuscules et brefs mouvements, puis (sans doute parce que l'un de ceux qui étaient dans la chambre fit un geste, ou un bruit), aussi brusquement qu'il s'était posé, il s'envola.

La parenthèse indépendante, c'est-à-dire non insérée dans la phrase, peut contenir une (ou des) phrase(s), et même constituer un paragraphe entier. Le lecteur n'a plus à faire le travail de tri, qui, nous l'avons vu dans l'exemple précédent, peut parfois s'avérer difficile. L'indépendance n'est cependant que formelle, puisque la parenthèse ne se comprend qu'en relation avec le texte qui la précède. Dans l'exemple qui suit, puisé chez Robbe-Grillet, le paragraphe-parenthèse répond à l'évocation des souvenirs d'enfance :

Depuis la mort de grand-père Robbe, nous n'allions plus à Arbois, où nous avions goûté de son vivant d'amoureuses sensations d'automne, ramassant les pommes tombées et les noix fraîches le long des chemins, à travers la campagne qui commençait à roussir. (Un agrandissement photographique, de teinte sépia et un peu flou, où l'on reconnaît le château en arrière-fond au milieu des frondaisons déjà dégarnies, me représente à sept ou huit ans, dans un tablier de percale qui a l'air d'une petite robe, entourant d'un bras nu relevé, au geste arrondi, les hampes fleuries des roses trémières vers qui j'incline de côté, sur l'épaule, ma tête aux boucles brunes, avec un sourire câlin vers l'objectif et des grâces de fille.)

Le miroir qui revient

On voit que les parenthèses peuvent jouer des rôles contradictoires : perdre le lecteur quand elles se multiplient à l'intérieur d'une phrase qui enfle démesurément de tous ces ajouts, ou, à l'inverse, l'aider à séparer ce qui relève de l'à-côté du texte lorsqu'elle se présente de manière autonome.

L'objectif d'aide au lecteur a conduit à transformer, dans les journaux, la parenthèse longue en encadré. Généralement sur fond coloré et muni d'un titre, l'encadré apporte un éclairage différent, des précisions techniques, une biographie succincte, etc. Il est « mis à côté » : c'est bien, à l'instar de la mise entre parenthèses, un moyen visuel (qui relève alors de la mise en page) permettant de le détacher de l'article principal.

Des cousins germains : les crochets

Les crochets, ces doubles (psycho)-rigides des parenthèses, servent principalement à signaler une intervention effectuée par le journaliste, l'auteur ou l'éditeur sur un passage qu'ils citent (ajout explicatif ou coupure).

Une citation nécessite parfois qu'on y intègre une courte précision pour être parfaitement compréhensible. Celle-ci sera placée entre crochets, comme le fait Littré quand il reprend dans son dictionnaire une phrase de Laplace, précisant ainsi l'identité du « vénérable vieillard » :

> « Quel spectacle que celui d'un vénérable vieillard [Galilée] abjurant à genoux, contre le témoignage de sa propre conscience, la vérité qu'il avait prouvée avec évidence ! »
>
> Entrée « *abjurer* »

Si l'on ne juge pas nécessaire de citer intégralement un passage et que l'on en retranche une partie, on signale la coupe par des points de suspension entre crochets. Dans l'édition de La Pléiade des œuvres de Giono, on trouve en note un extrait de lettre de l'auteur. Le lecteur est ainsi informé que l'une des phrases n'est que partiellement reproduite :

> « *Colline* s'achemine doucement vers sa fin naturelle. Je l'ai un peu abandonné depuis dix jours et j'ai repris hier plus frais et plus dispos […]. Je crois que sitôt *Colline* terminé, je bondirai sur un autre sujet. »
>
> *Œuvres complètes*, tome I

La presse, atteinte de « citationnite » aiguë, utilise ces deux procédés en les perfectionnant. Dans la plupart des journaux, texte ajouté et points de suspension entre crochets seront composés dans le style opposé à celui de la citation (en italique si le texte est en romain, ou l'inverse).

Dans ce compte rendu extrait du *Monde des livres*, la citation (en italique) a été coupée : les points de suspension entre crochets sont, eux, en romain :

> Lors d'une de ses visites à Julien Gracq, Garcin note :
> « *Je me rends compte* [...] *que je suis devenu le confident naturel des écrivains qui ont la nostalgie du cheval et le regret de leur enfance.* »

Dans un article sur la « tournée » mexicaine du sous-commandant Marcos, *Le Canard enchaîné*, citant *Le Figaro*, est contraint pour que le texte reproduit partiellement reste compréhensible d'y ajouter un participe présent entre crochets (en romain) :

> En tout cas il y avait foule pour l'accueillir : outre des milliers d'Indiens, l'envoyé spécial du « Figaro » a aperçu devant la cathédrale de San Cristobal « *le stand du Parti communiste mexicain, dominé par un portrait de Staline,* [côtoyant] *celui des lesbiennes zapatistes* ».

Dans cette interview parue dans *Le Monde* à l'occasion de la sortie du film *Backstage*, la précision entre crochets est cette fois en italique à l'intérieur du texte en romain :

> Dans le film, Lauren *[Emmanuelle Seigner, qui interprète les chansons]* est une chanteuse ultra-populaire, objet de culte.

Si l'on désire intercaler au sein d'une parenthèse ce que nous appellerons une parenthèse « en second », on peut choisir de la présenter entre tirets (comme dans l'exemple de Claude Simon donné précédemment) ou entre crochets :

> (Jacques Dutronc, dans sa chanson *L'Aventurier*, nous entraîne dans une croisière gastronomique à Chypre, avec arrêt à Limassol [pour y manger des soles] et à Famagouste [pour y déguster des langoustes].)

L'adverbe *sic* doit se présenter entre crochets pour relever qu'une inexactitude, une faute d'orthographe ou de syntaxe apparaissant dans une citation figure bien dans le texte original. L'éditeur fait ainsi remarquer au lecteur que ce qu'il lit est bien la formulation exacte de l'auteur, même si elle semble erronée.

> « J'ai rencontré P. Mac Orlan avec lequel on a parlé longuement et sympathie [*sic*], puis Chamson est venu me dire qu'André Gide était un admirateur de *Colline* et désirait me voir. »
>
> J. Giono, *Œuvres complètes*, tome I

Mais cet usage se perd et, bien souvent, on rencontre *sic* entre parenthèses, alors qu'il a manifestement été ajouté par une main étrangère.

La mise entre parenthèses de *sic* se justifie quand l'auteur fait remarquer lui-même la bizarrerie d'un terme qu'il emploie. Ainsi, Alphonse Allais (encore lui, toujours lui…), « reproduisant » dans une de ses nouvelles une lettre signée Jean Des Rognures, dont il est manifestement l'auteur :

> « Mais ce que je prise par-dessus tout, ce sont les chroniques si fines, si ingénieuses, si larges, si substantielles

de ce remarquable vieillard *(sic)* qui signe Alphonse Allais. »

Deux et deux font cinq

Nous avons pris nos exemples dans des publications qui utilisent encore les crochets. Mais beaucoup de journaux les ont bannis de leur « marche », leur substituant systématiquement les parenthèses, par facilité et parce qu'elles sont jugées plus esthétiques, au risque de certaines confusions. Les crochets voient donc leurs emplois, déjà limités, se réduire comme peau de chagrin, et pourtant ils n'ont encore suscité aucun comité de défense.

En bref
LES PARENTHÈSES

- *Vont par paire.*
- *Contiennent un signe, un mot, une phrase, un paragraphe.*
- *Désignent leur contenu comme un ajout pouvant être éventuellement supprimé.*
- *Sont collées aux mots qu'elles enferment.*

LES CROCHETS

- *Vont par paire.*
- *Indiquent que l'ajout ou la coupe n'est pas de l'auteur.*
- *Peuvent intervenir comme parenthèses « en second ».*
- *Sont collés, comme les parenthèses, aux mots qu'ils enferment.*

LE TIRET

Le Don Quichotte de la ponctuation

Trop long, trop littéraire : le tiret ne serait-il plus tout à fait de notre temps, en décalage avec son époque, tel un Don Quichotte de la ponctuation ? Ressuscité au XVIIIe siècle en grande partie grâce à l'écrivain anglais Laurence Sterne*, il connaît son heure de gloire au XIXe. Poètes et romanciers s'emparent de ce long trait horizontal (dont le nom savant est « tiret cadratin »),

---

* Comme les points de suspension chez Céline, le tiret fait partie intégrante de l'écriture de Laurence Sterne (1713-1768) : dans *La Vie et les opinions de Tristram Shandy*, ce signe est omniprésent. Les tirets utilisés sont de longueurs variables (plus d'un centimètre, parfois plus de deux, et même quatre) et l'imprimeur devait les débiter à la longueur de celle du trait manuscrit... Prolongation du texte, dont ils sont les véritables fils d'Ariane, leur suppression le dénaturerait.

« Mais qu'est-ce à tout prendre que la vie humaine ? N'est-elle pas une perpétuelle échappatoire ? Le passage continuel d'un parti à un autre parti ———— d'un chagrin à un autre chagrin ? ———— où, tel un clou chassant l'autre, tout nouvel objet de tourment nous est doux ! ———— pourvu qu'il nous fasse oublier notre douleur présente ! »

que ce soit comme aide à la présentation des dialogues ou pour mettre en relief une portion de texte : il agit alors seul ou en double. Peut-être parce que d'autres signes lui sont facilement substituables dans cette dernière fonction (parenthèses ou virgules quand il est double ; virgule, deux-points ou points de suspension quand il est seul), on l'a peu à peu laissé de côté.

La dactylographie a sans doute accéléré cette tendance puisque le tiret s'est retrouvé tronqué, amputé, assimilé au trait d'union... Citons sur ce sujet l'écrivain Michel Volkovitch, qui écrit dans son *Verbier* : « Le tiret n'étant pas directement accessible sur mon clavier d'ordinateur, je l'ai longtemps marqué par un simple trait d'union. Jusqu'au jour où la lectrice d'un de mes tapuscrits m'a dit, Quel dommage, le vrai tiret est tellement plus beau ! J'ai bientôt ressenti en l'essayant un plaisir imprévu — dû avant tout, sans doute, à une espèce d'ampleur nouvelle, de respiration élargie — qui me l'a fait adopter aussitôt. Ce plaisir n'a cessé de grandir. Je crois bien qu'en lisant comme en écrivant, je suis en train de tomber amoureux du tiret. »

Si certains auteurs succombent à son charme suranné, ses appas ne sont pas assez puissants pour que la presse le laisse s'étirer languissamment dans ses colonnes, et elle le transforme en demi-tiret. Il n'y a plus guère que l'édition pour l'utiliser dans toute sa longueur. Le tiret se présente donc sous deux formes : le tiret cadratin (—) et le tiret demi-cadratin (–), qui ont absolument les mêmes fonctions.

Faites entrer le tiret !

Il est un emploi pour lequel on a toujours recours à ce filiforme : l'indication des changements de locuteur dans les dialogues. Acteur de premier plan dans ce domaine, on le rencontre souvent flanqué du deux-points et des guillemets. Une triade présentée dans le chapitre « *Paroles, paroles, paroles*… ».

Le tiret simple a aussi une vie en dehors des dialogues, mais on peut dire qu'il dramatise toujours le segment sur lequel il agit en le rendant plus visible, en le détachant de la masse du texte. Ce tiret solitaire (*poor lonesome* tiret), quelque peu passé de mode, même si certains auteurs contemporains y ont toujours recours, est une sorte de cœlacanthe de la ponctuation, fossile vivant, vestige du geste de la main faisant glisser la plume sur le papier… Une époque révolue !

Sur le manuscrit des *Orientales*, on distingue parfaitement le tiret que Hugo a tracé à la fin du premier vers de « Clair de lune », un léger repos pour apprécier pleinement le calme de la nuit :

> La lune était sereine et jouait sur les flots. —
> La fenêtre enfin libre est ouverte à la brise, […].

Le tiret peut aussi s'immiscer à l'intérieur du vers, le relançant jusqu'à la chute :

> Je t'interroge, plénitude ! — Et c'est un tel mutisme…
> **Saint-John Perse,** *Vents*

Toujours chez Saint-John Perse, il devient même l'égal du point (ah ! les poètes et leur licence) :

> Comme un grand arbre tressaillant dans ses cré-
> celles de bois mort et ses corolles de terre cuite —
>
> *Ibid.*

Ce tiret n'est pas réservé aux poètes, mais on peut dire que, souvent, il « poétise » le texte. Sa finesse comme sa longueur créent une respiration, une aération : le lien entre les membres de la phrase se distend sans se rompre. Il procure une sensation d'indépendance du contenu qui le rapproche du vers libre. Cela est sensible chez le romancier Andreï Makine.

> La tonalité même de l'air était autre — emplie d'une vague luminosité mauve.
>
> *Le Crime d'Olga Arbélina*

Une virgule aurait été possible, mais aurait moins souligné l'étrangeté de la luminosité.

> Le lendemain, il y eut de nouveau une coupure de courant. Elle s'en réjouissait — dans la pénombre on devinait moins sur ses traits ce reflet mutilant laissé par la conversation avec le médecin.
>
> *Ibid.*

Un point-virgule aurait pu remplacer notre tiret, mais il aurait coupé sans ménagement les pensées d'Olga.

> Dans l'escalier, le portrait de la grand-mère, accroché à l'envers, la tête en bas — la plaisanterie favorite des invités pendant les fêtes.
>
> *Ibid.*

Un point ou un deux-points auraient appuyé exagérément sur cette explication.

Autre cas de figure, dans un article du *Nouvel Observateur* sur Romain Gary, le tiret remplace une portion de texte qu'on a préféré sous-entendre (il joue alors le rôle d'une virgule elliptique) :

> Jamais il n'est hautain ni péremptoire – bien trop d'humour et de distance pour ça.

Remarquons qu'il appelle presque uniquement le point comme signe de clôture de la phrase : il donne au segment qu'il introduit une force d'évidence peu compatible avec les points d'exclamation, de suspension et d'interrogation.

Ces exemples montrent bien quelles menaces pèsent sur le tiret simple : il n'est pas irremplaçable et les signes capables d'assumer ses fonctions sont nombreux et plus accessibles sur le clavier... La virgule, par exemple, peut toujours lui être substituée.

Plus rarement, notre solitaire peut se combiner avec d'autres signes de ponctuation, qu'il renforce et tient à distance. Voici deux exemples tirés d'*Équipée*, un récit de Victor Segalen, aficionado du tiret. Ce dernier s'y associe avec le deux-points puis avec le point :

> C'est la vue sur la terre promise, mais conquise par soi, et que nul dieu ne pourra escamoter : — un moment humain.

> « Équipée » est encore un titre, souligné d'ironie, sans préjuger du résultat. — Expliqué par d'autres mots, je le garderai sans doute.

Dans ce cas, agissant en ralentisseur, il influe sur le rythme de la phrase.

LE TIRET

Les deux font la paire

Marchant en double, les tirets sont proches dans leur fonctionnement des parenthèses, au point que les grammairiens analysent parfois ces signes ensemble. Ils ne sont pourtant pas interchangeables, et les tirets ne sauraient être considérés comme de simples parenthèses « nobles » réservées à l'écrivain poseur. Ils sont toujours la marque d'un apport « autre » et fonctionnent comme un aiguillage qui oriente momentanément le cours du texte dans une autre direction. C'est particulièrement clair dans le cas où le narrateur se parle à lui-même, se souvient de propos qu'il a entendus ou lus ou énonce une sentence d'ordre général. Les tirets interviennent alors parfois avec les guillemets, ou comme dans l'exemple suivant, avec l'italique. Jean-Paul Dubois, dans son dernier roman, *Vous plaisantez, monsieur Tanner*, raconte les déboires de son héros sur le chantier de rénovation de sa maison et insère dans le récit des aphorismes humoristiques. Cette parole entre tirets n'est pas de lui, elle appartient au fonds commun de tous ceux qui un jour ont dû mener à bien un chantier !

> Il faut à la fois travailler au jour le jour, construire, remodeler un univers démesuré à la force de bras modestes, penser à la suite, programmer le meilleur, envisager le pire, alimenter le chantier en matériaux — *un chantier est, par essence, constamment affamé* —, régler des sommes vertigineuses — *une rénovation est, par définition, un gouffre* —, surveiller le travail des artisans qui viennent faire une prestation — *un artisan est, par nature, une menace latente* —, supporter, enfin, les mensonges, les ruses, les retards, les approximations

de ces corps de métiers qui, il ne faut jamais l'oublier, n'ont été constitués que pour concourir à votre ruine.

Le texte entre tirets apparaît comme mis en apesanteur — et non enfermé dans les bras protecteurs des parenthèses — grâce aux espaces fortes dont ces signes sont entourés et à leur horizontalité. Avec eux, la phrase continue de glisser sur son erre. Ils opèrent souvent au sein de phrases longues : l'intérêt du lecteur est ainsi réveillé, dirigé dans une autre direction, mais également canalisé. Une évasion bien encadrée, comme dans cette phrase de Julien Gracq :

> Les loges de la Scala, de San Carlo à Naples, du théâtre Argentina à Rome — louées à l'année ou concédées à vie, tapissées, tendues, meublées, baldaquinées au goût de leurs locataires — étaient les vraies résidences secondaires de l'Italie de Stendhal ; […].
> *En lisant, en écrivant*

Le texte entre tirets peut prendre une place prééminente, l'incidente devenant plus importante que le reste de la phrase, ce qui « oblige » l'auteur à reprendre après le tiret fermant le mot qui précédait l'ouvrant afin de remettre le lecteur sur les rails :

> Il leur semblait maintenant que, jadis — et ce jadis chaque jour reculait davantage dans le temps, comme si leur histoire antérieure basculait dans la légende, dans l'irréel ou dans l'informe —, jadis, ils avaient eu au moins la frénésie d'avoir.
> G. Perec, *Les Choses*

S'il n'est pas à négliger, l'aspect pratique des tirets — ils évitent la confusion que créerait dans de longues phrases la présence de virgules aux fonctions différentes — n'explique pas à lui seul leur utilisation. Pour preuve, ils s'invitent dans les phrases courtes, enserrant parfois un seul nom, un seul adjectif... :

> Cette empreinte incomplète, telle une ébauche de masque mortuaire — son visage —, se dessinait seule sur l'oreiller.
> A. Makine, *Le Crime d'Olga Arbélina*

> Le but premier — imaginaire ! — sonne creux dans le lointain, comme des grelots de mules sur des harnais vides...
> V. Segalen, *Équipée*

Le mot « serti » dans les tirets acquiert une force supplémentaire : l'auteur l'a choisi, pesé, soupesé. Au lecteur d'apprécier ce cadeau !

On constate dans les exemples précédents que la ponctuation de la phrase n'est pas altérée par la présence des tirets. À l'intérieur des tirets, les autres signes trouvent parfaitement leur place : les virgules bien sûr, mais aussi les points d'exclamation, d'interrogation ou de suspension.

À l'extérieur, la virgule se place en général après le tiret fermant. On pourra rencontrer chez certains auteurs des virgules avant le tiret fermant (et même devant l'ouvrant). Cette pratique, courante au XIXe siècle, a tendance à disparaître. Nous la signalons pour mémoire :

> Me sentant bien asséché de la route, j'éprouvai, malgré moi, — je l'avoue, — une attirance vers le ténébreux enchantement de cette onde !
> Villiers de l'Isle-Adam, *Histoires insolites*

Le tiret ouvrant peut se retrouver esseulé à cause de la perte de son compagnon fermant (sortez vos mouchoirs). Ce dernier pâtit de la cohabitation avec les ponctuations fortes qui devraient le suivre : elles entraînent sa disparition, qu'elles se situent à l'intérieur ou en fin de phrase.

Dans l'exemple qui suit (un article sur Dos Passos), le tiret fermant s'efface devant le point final, comme il le ferait devant tout autre signe de clôture :

> Et peut-être, pour le comprendre, faut-il lire son roman de jeunesse, jusqu'ici inédit en français, *Rossinante reprend la route*, écrit pendant ses premiers voyages en Espagne entre 1916 et 1920, paru en 1922 – il avait alors 26 ans.
>
> *Le Monde des livres*

Dans cet autre exemple (l'analyse d'un ouvrage de Jacques Bonnet), il « tombe » devant le deux-points :

> Le principe de contradiction a connu de belles heures dans la pensée occidentale – et pas seulement occidentale : sont invoqués ici, cités et commentés aussi bien les grands philosophes que les théologiens et les mystiques, les écrivains, les poètes […].
>
> *Le Monde des livres*

À noter que les tirets peuvent aussi jouer le rôle de « parenthèses en second », à l'intérieur d'un texte entre parenthèses :

> C'était pendant la nuit qui sépare le Mardi gras du mercredi des Cendres, ou, pour dire plus juste, pendant la nuit qui réunit ces deux jours si différents (car il n'est point rare que, confites en humilité, des ouailles

> se dirigeant vers le symbole cinéraire, fassent rencontre de masques attardés, le pas titubant, qui regagnent leur demeure, domicile parfois même — hélas ! — conjugal).
>
> A. Allais, Œuvres posthumes, Année 1901

Nous terminerons par un exemple... à ne pas suivre :

> Alors il [Johan Sfar] s'efforce d'avoir une narration compréhensible – récitatifs en haut de case, vignettes carrées bien dessinées, etc. – pour que tout le monde – même, et surtout, les non-spécialistes – puisse le lire.
>
> Le Monde des livres

À cause de l'indifférenciation visuelle des formes ouvrante et fermante des tirets (contrairement aux guillemets ou aux parenthèses), l'emploi de plusieurs « jeux » de tirets à l'intérieur d'une même phrase risque de rendre le décryptage difficile au lieu de le faciliter. Ici, le groupe de mots « pour que tout le monde » semble mis entre tirets alors qu'il n'en est rien.

En bref
LE TIRET SIMPLE

- *Signale les changements de locuteurs dans un dialogue.*
- *Détache plus fortement qu'une virgule un segment sur lequel l'auteur attire ainsi l'attention.*
- *Le tiret est précédé et suivi d'une espace forte.*

LES TIRETS DOUBLES

- *Permettent d'opérer un décrochement dans la phrase et d'insérer précisions, commentaires... sans leur donner le côté accessoire qu'ils auraient s'ils étaient entre parenthèses.*
- *Le tiret fermant s'efface devant le deux-points, le point-virgule ou les signes de clôture.*
- *Le tiret est précédé et suivi d'une espace forte.*

Nous mettons encore une fois Alphonse Allais à contribution pour le jeu du texte déponctué (il faut replacer 4 tirets — ou plus précisément 2 paires de tirets — et 3 virgules). La solution se trouve page 195.

Quand Dieu le père vous êtes trop jeunes pour vous rappeler cela s'aperçut qu'Adam et Ève avaient malgré sa défense expresse dévalisé certain espalier Il entra tous les horticulteurs comprendront ce sentiment dans une colère abominable.

À la une !

PETIT GUIDE TYPOGRAPHIQUE

La marche au canon

Tel signe est-il collé ou pas au mot qui le précède ? Quels sont les signes qui cohabitent et ceux qui s'excluent ? Lesquels sont suivis d'une majuscule ? L'usage purement typographique de la ponctuation se résume à ces trois grandes questions.

Les règles en la matière font l'objet d'un consensus assez large, malgré l'existence de francs-tireurs : pour imposer une unification totale — et leur donner un coup de règle sur les doigts —, il faudrait une autorité suprême doublée d'une police typographique (admirez le jeu de mots sur le double sens de « police »), qui n'ont pas encore été inventées.

À comparer les usages des journaux et des maisons d'édition, on constate qu'aucun ne procède à l'identique, chacun ayant sa particularité, sa « marche » typo, tout en ne s'écartant pas beaucoup du « canon » typo (d'où le titre). Notons même une tendance à l'uniformisation due au traitement automatique de la ponctuation par les logiciels, qui résolvent en particulier les problèmes d'espaces.

Vous prendrez bien une petite fine ?

L'espace, le « blanc » entre les mots, est une preuve (s'il en fallait encore) du génie humain. On a comparé son importance à celle du zéro en arithmétique. En typographie, « espace » relève du genre féminin. On parle d'espace *forte* et d'espace *fine*. La forte est l'espace entre deux mots d'une ligne de texte (on dit aussi « espace-mot »). On l'obtient en appuyant sur la touche « espace » des claviers. La fine est une demi-espace qui éloigne légèrement certains signes de ponctuation du mot qui les précède et/ou qui les suit.

Les logiciels de traitement de texte placent automatiquement l'espace fine dès que l'on tape un signe de ponctuation qui la requiert. En outre, les espaces fines sont « insécables » : les signes sont solidaires du mot qu'ils accompagnent et ne peuvent, par exemple, se retrouver isolés, en fin de ligne pour les signes ouvrants ou en début de ligne suivante pour les signes fermants et de clôture. Les sites Internet sont pourtant spécialistes du point d'interrogation ou d'exclamation rejeté en début de ligne (crime de lèse-typographie !), car l'Internet et les insécables ne font pas bon ménage.

Il n'existe, en matière de ponctuation, aucune classification, aucune définition qui soit reconnue par tous. Même le vocabulaire utilisé ne fait pas l'unanimité (sauf pour les noms des signes, tout de même !). Nous suivons la classification proposée par Nina Catach, qui distingue la ponctuation « logique », affectant le sens de la phrase, de celle dite « de second régime », qui enferme des segments. Ces derniers signes marchent par paire (un signe ouvrant et un fermant).

Parmi les signes logiques, on distingue les signes « de clôture », qui terminent une phrase (il faut savoir terminer une... phrase, comme l'a dit Maurice Thorez), en un mot la ponctuation forte (.) (?) (!) (...), et ceux qui n'agissent qu'à l'intérieur de la phrase, soit la ponctuation moyenne (:) (;) et la ponctuation faible (,).

La ponctuation logique peut se classer selon qu'elle génère ou pas une majuscule (ou capitale) après elle, ce qui donne :

> (.) toujours suivi d'une majuscule ;
> (?) (!) (...) dans la majorité des cas suivis d'une majuscule ;
> (:) parfois suivi d'une majuscule ;
> (;) (,) non suivis d'une majuscule.

Parler de clôture de la phrase implique que celle-ci ait une « ouverture » : la majuscule initiale de phrase en fait office, et, à ce titre, elle peut aussi être considérée comme un signe de ponctuation. Toute phrase commence donc par une majuscule et se termine par un signe de clôture, c'est sa définition minimale.

Point, « sus », « clam » et « rog »

Le **point** est collé au mot qui le précède, et il est suivi d'une espace forte.

> Il neigeait. On était vaincu par sa conquête.
> Pour la première fois l'aigle baissait la tête.
> V. Hugo, *Les Châtiments*

Les trois autres types de points expriment une « modalité » (suspensive, exclamative, interrogative). Comme signes de clôture, ils sont suivis d'une majuscule. Mais, s'ils se trouvent à l'intérieur de la phrase, ils sont suivis d'une minuscule (ou « bas de casse »). Les trois signes de modalité ne « commandent » donc pas obligatoirement une majuscule, comme beaucoup le croient. Les deux cas alternent dans les exemples que nous avons choisis.

Les **points de suspension** sont collés au mot qui les précède et sont suivis d'une espace forte.

> On parlait des difficultés, des petits « paris » qu'on pouvait prendre... des chevaux à « placer » et des nouvelles du vélodrome... On se repassait la « Patrie » pour les courses et les annonces...
>
> <div align="right">Céline, <i>Mort à crédit</i></div>

Quand ils commencent la phrase, ils sont suivis d'une espace forte.

> ... Mais c'est de l'homme qu'il s'agit ! Et de l'homme lui-même quand donc sera-t-il question ?
>
> <div align="right">Saint-John Perse, <i>Vents</i></div>

Les **points d'interrogation** et **d'exclamation** prennent une espace fine avant et une espace forte après.

> L'homme ? qu'est-ce que c'est que ce sphinx ? Il commence En sagesse, ô mystère ! et finit en démence.
>
> <div align="right">V. Hugo, <i>La Légende des siècles</i></div>

> Carnage affreux ! moment fatal ! L'homme inquiet Sentit que la bataille entre ses mains pliait.
>
> <div align="right">V. Hugo, <i>Les Châtiments</i></div>

Les points de suspension peuvent s'associer aux points d'exclamation et d'interrogation. Dans ce cas, pas d'espace entre les deux signes. Cet « attelage » peut être suivi soit d'une majuscule, soit d'une minuscule, comme dans l'exemple suivant :

> Je vous enverrai de la campagne des graines de volubilis !... Ça poussera bien au troisième !... ça grimpera sur le vitrage !...
>
> Céline, *Mort à crédit*

Les points d'interrogation et d'exclamation peuvent en outre se mélanger, se doubler, se tripler. Dans ce cas, on est libre de les espacer ou de les désespacer : (? ! ?) ou (?!?), (? ?) ou (??), etc.

Quand ils sont placés seuls entre parenthèses ou entre crochets pour exprimer le doute ou la surprise, ces deux signes perdent leurs espaces : (?) (!). Même chose pour les points de suspension : (...).

Les titres des journaux et des livres n'ont plus de point final, mais ils gardent leurs éventuels points d'interrogation, d'exclamation ou de suspension, lesquels interviennent seulement comme signes de modalité :

Qui a peur de Virginia Woolf ?	Edward Albee
O. K., Joe !	Louis Guilloux
Lourdes, lentes...	André Hardellet

Les trois as de la logique

Le **deux-points** et le **point-virgule** sont des signes de force moyenne, à mi-chemin entre la virgule et le point. Le deux-points est légèrement plus fort, car il peut être suivi d'une majuscule. Le point-virgule peut terminer une ligne dans une énumération où chaque nouveau terme vient à la ligne suivante (le dernier terme prenant un point final).

Le deux-points et le point-virgule prennent une espace fine avant et une espace forte après. Toutefois, certains codes typographiques indiquent pour le deux-points une espace forte avant et après.

La **virgule** est collée au mot qui la précède et suivie d'une espace forte.

> Montherlant n'aime pas *le Rouge* ; rien à dire là-dessus : la littérature, comme la démocratie, ne respire que par la non-unanimité dans le suffrage.
>
> J. Gracq, *En lisant, en écrivant*

Nota : le tiret (—), quand il est employé seul, avec une valeur qui le rapproche de la virgule ou du deux-points, peut aussi être considéré comme un signe logique. Nous ne faisons que le mentionner, car ses occurrences se font rares (encore un peu de finesse qui s'en va).

Employé dans un dialogue, et commençant une phrase, il est suivi d'une espace forte.

Les agents doubles

Ils cheminent par deux : un signe ouvrant (« ouvrez les guillemets », « ouvrez la parenthèse », en situation de dictée), un signe fermant (« fermez la parenthèse », etc.). L'un ne va jamais sans l'autre (il y a une exception pour les tirets : si le tiret fermant se trouve devant un point, un point-virgule ou un deux-points, il disparaît, car ces signes jouent son rôle fermant et le rendent inutile).

Les **parenthèses** et les **crochets** se traitent de la même façon : une espace forte avant le signe ouvrant, pas d'espace après ; pas d'espace avant le signe fermant, espace forte après (sauf s'ils sont suivis d'un signe de clôture).

> Je lui disais mon malheur (c'en était un véritable) et lui, il était à m'écouter sans broncher.
> J. Giono, *Un de Baumugnes*

Pour les guillemets et les tirets, les choses se compliquent un peu, car ces signes existent sous plusieurs formes.

Les **guillemets** que l'on rencontre le plus fréquemment sont au nombre de trois :
— les *français*, en forme de double chevron (« ») ;
— les *anglais*, en forme de double virgule (" ") ;
— les *machine*, en forme de double trait droit (" "), l'ouvrant et le fermant étant identiques.

Le guillemet français ouvrant est précédé d'une espace forte et suivi d'une espace fine, le fermant est précédé d'une espace fine et suivi d'une espace forte.

Et Caïn dit : « Cet œil me regarde toujours ! »
V. Hugo, *La Légende des siècles*

Les deux autres guillemets sont collés au texte qu'ils accompagnent :

Et Caïn dit : "Cet œil me regarde toujours !"
Et Caïn dit : "Cet œil me regarde toujours !"

Les français et les anglais peuvent cohabiter, dans le cas d'une citation à l'intérieur d'une citation. Dans l'hypothèse où ce vers serait lui-même une citation, cela donnerait :

« Et Caïn dit : "Cet œil me regarde toujours !" »

C'est ainsi que procèdent la majorité des journaux. Sur Internet, c'est une autre histoire. On y rencontre encore le guillemet machine. Dans le cas de citation à l'intérieur d'une citation, le rôle du second guillemet est tenu par l'apostrophe. Ce qui donne, pour l'exemple précédent :

"Et Caïn dit : 'Cet œil me regarde toujours !'"

C'est une solution laide et peu lisible, adoptée par beaucoup de sites et de blogs. Une régression qui doit faire se retourner dans leur tombe des générations de typographes. Même au Moyen Âge, on traitait mieux les lecteurs.

Les **tirets**, pour leur malheur, sont souvent confondus avec le trait d'union. Le tiret normal, appelé « tiret cadratin », est un signe long (—), et cette longueur ne cadre pas trop avec l'air du temps. Il ne figurait pas sur les claviers des machines à écrire, ni même son avatar, le tiret « demi-cadratin » (–), oubli qui lui fut presque fatal. En tant que signe graphique, il est petit à petit sorti des habitudes. Le tiret ne figure toujours pas sur les claviers des ordinateurs : il faut des combinaisons de touches pour l'obtenir, ou aller le chercher dans les « caractères spéciaux ».

Seule l'édition fait de la résistance et continue à l'employer. Il a presque disparu de la presse : les publications les moins soignées (et la majorité des sites Internet) utilisent à sa place le trait d'union, qui fait figure de moignon à côté de lui (et qui est devenu un signe suremployé). Les titres qui attachent plus d'importance à la typo ont choisi une solution moyenne : le tiret demi-cadratin, dont l'avantage réside dans la longueur moindre.

Le tiret, qu'il soit long ou moyen, est entouré de deux espaces fortes.

Voici une phrase extraite d'un article du *Monde*, qui emploie deux jeux de tirets (demi-cadratin) :

> Était-ce parce qu'il était un peu malade – à la limite de vomir en fait – car la veille il avait – un peu – forcé sur la bouteille ?

Quelques mots sur le **trait d'union** : on regroupe sous ce nom générique deux signes qui correspondent à deux fonctions opposées. Le « trait d'union » proprement dit, qui sert à relier deux mots pour en créer un troisième (« point-virgule », par exemple) ; la « division », qui sert au contraire à couper un mot en deux pour qu'il puisse passer à la ligne. Affubler le trait d'union d'une troisième fonction, celle du tiret, ne se justifie donc en rien.

Relations de bon voisinage

Quand le point est en concurrence avec un signe de modalité pour finir une phrase, il lui cède toujours la place : pas de (....) ni de (?.) ni de (.!), etc.

Pas de virgule avant une parenthèse, un crochet ou un tiret ouvrants, car elle y serait inutile. Mais elle peut parfaitement suivre ces signes quand ils sont fermants.

On trouve fréquemment dans la presse la virgule après les signes de modalité, quand ils sont à l'intérieur de la phrase, malgré la proscription de cette configuration par les codes typo, pour des raisons de laideur graphique et de redondance. Le célèbre vers de Lamartine :

Un soir, t'en souviens-t-il ? nous voguions en silence ;

serait probablement ponctué aujourd'hui avec une virgule après le point d'interrogation, qui répondrait à celle qui est placée après « soir » pour bien marquer que « t'en souviens-t-il ? » est une incidente. Mais ce rôle de fermeture est déjà pris en charge par le point d'interrogation , ce qui rend la virgule superflue.

Nous avons parfois lu ce vers — comble de l'horreur — avec une majuscule à « nous », comme si ce pronom commençait une nouvelle phrase ! Si la tendance (comme la mer, toujours recommencée) est de surponctuer, elle est aussi de mettre des capitales partout, au détriment de bien des nuances.

Il arrive (rarement) qu'un signe de modalité soit suivi par un deux-points ou un point-virgule. Ces suites, certes assez peu esthétiques, sont parfois utiles et l'on ne voit pas pourquoi il faudrait s'en priver. À employer avec modération, cependant.

Les parenthèses, les guillemets et les tirets fermants font écran entre deux signes qui ne peuvent normalement se trouver l'un à côté de l'autre. Ainsi, on verra souvent la parenthèse empêcher des points de suspension d'absorber un point.

Ce rôle de paroi protectrice rend possible une certaine prolifération des signes et l'on peut parfois admirer des configurations assez baroques, comme celles-ci, qui offrent une suite de quatre signes, trouvées dans un numéro du *Nouvel Observateur* :

.... The Dog"] *!* » Allusion...............
.... tout ça...) –, elle n'hésite............

L'impact visuel dû à l'accumulation des signes leur donne presque une vie indépendante du texte. Ici, les signes font comme des clins d'œil au lecteur, deviennent envahissants et sortent de la « discrétion » qui devrait être la leur.

M'as-tu vu en italique ?

Quand un passage en italique est placé entre guillemets, ceux-ci sont aussi en italique :

> [...] une raison éminente et triviale qui se résume ainsi : *« L'essentiel, c'est d'avoir la santé ! »*
>
> Le Figaro

Quant à la ponctuation qui suit immédiatement un passage en italique inclus dans une phrase en romain, cela dépend : si elle fait partie de ce passage, elle reste en « ital » :

> Je n'ai pas lu le polar de Léo Malet *M'as-tu vu en cadavre ?* mais je compte le faire.

Si elle affecte l'ensemble de la proposition, et pas seulement le passage en italique, elle reste en romain, comme dans cet exemple tiré des *Misérables* :

> Vous m'appelez *monsieur* ! vous ne me tutoyez pas !

Mais de plus en plus, et contre toute logique, la ponctuation prend le style (ici, l'italique) du mot qui la précède immédiatement, comme dans cet extrait du *Figaro* :

> Pourquoi, à l'inverse, cette jeune fille prodige qui travaillait le marbre devrait-elle aujourd'hui devenir *sculpteur ?*

Le point d'interrogation, affectant toute la phrase, devrait plutôt être en romain.

Tableau récapitulatif

1. Signes logiques

point
pas d'espace . espace forte

point d'interrogation
espace fine ? espace forte

point d'exclamation
espace fine ! espace forte

points de suspension
pas d'espace … espace forte

deux-points
espace fine : espace forte

point-virgule
espace fine ; espace forte

virgule
pas d'espace , espace forte

tiret
espace forte — espace forte

2. Signes doubles

parenthèse ouvrante
espace forte (pas d'espace

parenthèse fermante
pas d'espace) espace forte

crochet ouvrant
espace forte [pas d'espace

crochet fermant
pas d'espace] espace forte

guillemet français ouvrant
espace forte « espace fine

guillemet français fermant
espace fine » espace forte

guillemet anglais ouvrant
espace forte " pas d'espace

guillemet anglais fermant
pas d'espace " espace forte

Les réponses à nos jeux

Point

Période de calme pour notre logiciel de traitement de texte, qui ne trouve rien à redire à ce texte de Boris Vian (à part l'accent à révolver, qu'il n'apprécie pas). La description quasi entomologique du comportement de la voyante à la gâchette facile est jalonnée de points. Ils séparent des images fortes et étranges comme autant de flashs. Découpage en phrases courtes qui continue avec le départ de Lil et ses curieuses rencontres.

> Elle ouvrit son tiroir et saisit un révolver. Sans se lever, elle visa la bête de velours et tira. Il y eut un craquement sale. Le papillon, atteint en pleine tête, replia ses ailes sur son cœur et plongea, inerte. Cela fit un bruit mou sur le sol. Une poudre d'écailles soyeuses s'éleva. Lil poussa la porte et sortit. Poliment le corbeau lui dit au revoir. Une autre personne attendait. Une petite fille maigre avec des yeux noirs et inquiets, qui serrait dans sa main sale une pièce

d'argent. Lil descendit l'escalier. La petite fille hésita et la suivit.

L'Herbe rouge, Jean-Jacques Pauvert, 1967

Point d'interrogation

Ça ne fait pas de mal de réviser ses classiques. Un morceau de bravoure racinien que ce monologue d'Hermione au début du cinquième acte d'*Andromaque*. Celui pour qui la belle soupire et s'interroge n'est autre que Pyrrhus, qui, lui, soupire pour la captive Andromaque, veuve d'Hector. Tout cela finira mal.

Voici le texte tel qu'il a paru juste après sa création, en novembre 1667.

> Où suis-je ? Qu'ai-je fait ? Que dois-je faire encore ?
> Quel transport me saisit ? Quel chagrin me dévore ?
> Errante et sans dessein, je cours dans ce palais.
> Ah ! ne puis-je savoir si j'aime, ou si je hais !
> Le cruel ! de quel œil il m'a congédiée ?
> Sans pitié, sans douleur, au moins étudiée.
> Ai-je vu ses regards se troubler un moment ?
> En ai-je pu tirer un seul gémissement ?

Publié à Paris chez Théodore Girard, 1668

La ponctuation des éditions modernes diffère quelque peu : une virgule est ajoutée après « errante », un point d'interrogation remplace le point d'exclamation après « je hais », et inversement pour le vers suivant.

Quant à l'avant-dernier vers de notre citation, il a un peu changé, Racine l'ayant adopté dans les éditions plus tardives.

LES RÉPONSES À NOS JEUX

Où suis-je ? Qu'ai-je fait ? Que dois-je faire encore ?
Quel transport me saisit ? Quel chagrin me dévore ?
Errante, et sans dessein, je cours dans ce palais.
Ah ! ne puis-je savoir si j'aime, ou si je hais ?
Le cruel ! de quel œil il m'a congédiée !
Sans pitié, sans douleur, au moins étudiée.
L'ai-je vu se troubler et me plaindre un moment ?
En ai-je pu tirer un seul gémissement ?
Gallimard, coll. « Bibliothèque de la Pléiade », 1985

Deux-points

On vous l'a dit : Roland Barthes aime le deux-points. Ce signe fleurit naturellement sous sa plume au fur et à mesure que son raisonnement se développe et s'enrichit. L'italique au mot *paléographie* est un petit plus qu'on ne vous reprochera pas de ne pas avoir trouvé. Remarquez les petites capitales pour les siècles.

Nos savants n'ont bien étudié que les écritures anciennes : la science de l'écriture n'a jamais reçu qu'un seul nom : la *paléographie*, description fine, minutieuse des hiéroglyphes, des lettres grecques et latines, génie des archéologues pour déchiffrer d'anciennes écritures inconnues ; mais sur notre écriture moderne, rien : la paléographie s'arrête au XVIe siècle [...].
Variations sur l'écriture, **Seuil, 2000**

Point-virgule

Cette image de « tissage des idées » que permet le point-virgule nous semble particulièrement parlante. Et puis Claude Duneton fait un usage subtil du signe dans ce texte en forme de définition.

> En réalité, le point-virgule permet de découper une pensée englobante, contenue entre deux points, en petites propositions concomitantes ; d'aligner une accumulation de faits concourant au même but : de rassembler des images sans les écorner. Il ne fait pas baisser la voix à la lecture, il la laisse en suspens, en vol ; c'est un lien subtil dans le tissage des idées.
>
> *Le Figaro*, 2003

Virgule

La virgule, petite fée de la phrase, se glisse délicatement dans ce texte de Rousseau pour y installer des repères ténus, associés à deux points-virgules plus insistants.

> Tant que les hommes se contentèrent de leurs cabanes rustiques, tant qu'ils se bornèrent à coudre leurs habits de peaux avec des épines ou des arêtes, à se parer de plumes et de coquillages, à se peindre le corps de diverses couleurs, à perfectionner ou à embellir leurs arcs et leurs flèches, à tailler avec des pierres tranchantes quelques canots de pêcheurs ou quelques grossiers instruments de musique, en un mot tant qu'ils ne s'appliquèrent qu'à des ouvrages qu'un seul pouvait faire, et qu'à des arts qui n'avaient pas besoin du concours de

plusieurs mains, ils vécurent libres, sains, bons et heureux autant qu'ils pouvaient l'être par leur nature, et continuèrent à jouir entre eux des douceurs d'un commerce indépendant ; mais dès l'instant qu'un homme eut besoin du secours d'un autre ; dès qu'on s'aperçut qu'il était utile à un seul d'avoir des provisions pour deux, l'égalité disparut, la propriété s'introduisit, le travail devint nécessaire et les vastes forêts se changèrent en des campagnes riantes qu'il fallut arroser de la sueur des hommes, et dans lesquelles on vit bientôt l'esclavage et la misère germer et croître avec les moissons.
*Discours sur l'origine et les fondements
de l'inégalité parmi les hommes*

Tirets

Vous aurez pu remarquer au cours de cet ouvrage notre penchant prononcé pour Alphonse Allais, qui, nous l'espérons, aura allais…gé par son humour la teneur parfois un peu sérieuse de ce livre. Nous avons déconseillé l'usage des paires de tirets multiples, mais en l'occurrence le segment de texte entre le premier tiret fermant et le second tiret ouvrant est assez long pour que la lecture n'en soit pas perturbée. Notez la majuscule de respect à « Il ». Humoriste certes, mais respectueux des formes !

Quand Dieu le père — vous êtes trop jeunes pour vous rappeler cela — s'aperçut qu'Adam et Ève avaient, malgré sa défense expresse, dévalisé certain espalier, Il entra — tous les horticulteurs comprendront ce sentiment — dans une colère abominable.
À la une ! Le Livre de poche, 1966

EN GUISE DE CONCLUSION

« Toute une nuit d'amour dans un point-virgule ! »

Notre voyage en terre des signes touche à son terme : ce périple en dix escales fut un plaisir que nous espérons vous avoir fait partager. Un périple rendu possible grâce à l'aide bénévole et désintéressée des écrivains et journalistes abondamment cités. Qu'ils en soient ici remerciés.

Mais nous devons bien conclure, et respecter les impératifs du « bon à tirer ». À la différence du perroquet des *Bijoux de la Castafiore*, il nous est difficile d'apposer la vignette « fin », et nous scrutons toujours la presse et l'édition afin d'y glaner de nouveaux exemples. Il a fallu bien sûr élaguer et laisser de côté beaucoup de citations qui auraient pu illustrer notre propos, comme cette remarque de Michel Volkovitch, véritable éloge du point-virgule, et à qui nous offrons en quelque sorte une ultime session de rattrapage. Commentant une phrase de Stendhal : « La vertu de Fabrice fut égale à son bonheur ; au matin... » (*La Chartreuse de Parme*), il écrit dans son *Verbier* : « Toute une nuit d'amour dans un point-virgule ! » De quoi insuffler à ce malheureux signe une nouvelle jeunesse...

EN GUISE DE CONCLUSION

Nous souhaitons surtout que nos lecteurs, munis des quelques clés que nous leur avons fournies, s'emparent de ce fabuleux trousseau et ouvrent la malle aux trésors. Que cent virgules éclosent donc !

Bibliographie

Traités anciens

De la punctuation de la langue Francoyse (dans *La Manière de bien traduire d'une langue en aultre*) Étienne Dolet, Lyon, 1540, consultable sur Internet : http://gallica.bnf.fr/
Traité du récitatif, Jean-Léonor de Grimarest, Paris, 1707, consultable sur Internet : http://gallica.bnf.fr/
Les Vrais Principes de la langue françoise, Gabriel Girard, Paris, 1747, consultable sur Internet : http://gallica.bnf.fr/
« La ponctuation », article de l'*Encyclopédie*, Nicolas Beauzée, consultable sur Internet : http://portail.atilf.fr/encyclopedie/

> Les quelques pages de Dolet peuvent être considérées comme le plus ancien traité de ponctuation à l'usage des imprimeurs.
>
> Les trois autres textes sont des théorisations de la ponctuation par des grammairiens au XVIIIe siècle.

Ouvrages contemporains

La Ponctuation, Nina Catach, Paris, PUF, coll. « Que sais-je ? », 1996. (Histoire, théorie : la somme la plus récente sur le sujet. Très dense.)

La langue française fait signe(s), Rolande Causse, Paris, Seuil, coll. « Points-Virgule », 1998. (Dans ce petit livre, des interviews d'écrivains et une vingtaine de pages très instructives sur la ponctuation.)

La Ponctuation, art et finesse, Jean-Pierre Colignon, Éole, 1988. (Un pionnier ! C'est dans ce traité que nous avons pris nos premières leçons.)

Ponctuation et Énonciation, Véronique Dahlet, Guyane, Ibis Rouge, 2003. (La ponctuation du point de vue de la linguistique. Très pointu. Un peu difficile d'accès.)

La Bonne Ponctuation. Clarté, efficacité et précision de l'écrit, Albert Doppagne, Duculot, 1998. (Se présente comme un « guide pratique ». Très instructif. Précise ne prendre aucun exemple en dehors du XXe siècle ! Un fanatique d'André Gide.)

Traité de la ponctuation française, Jacques Drillon, Paris, Gallimard, coll. « Tel », 1991. (Autre somme sur la ponctuation. Se lit comme un roman.)

Le Bon Usage, Maurice Grevisse, édition refondue par André Goosse, Duculot, 1988. (Très important chapitre sur la ponctuation dans cette grammaire inégalée.)

Verbier. Herbier verbal à l'usage des écrivants et des lisants, Michel Volkovitch, Paris, Maurice Nadeau, 2000. (Dans ce volume, un chapitre très personnel consacré à la ponctuation.)

Revues

« Le génie de la ponctuation », *Traverses*, n° 43, Centre Georges-Pompidou, 1988.
« La ponctuation », *La Licorne*, n° 52, 2000.
« La ponctuation », *L'Information grammaticale*, n° 102, juin 2004.
> Dans ces trois revues, des articles érudits écrits par des linguistes, des grammairiens, des écrivains, sur des sujets aussi variés que la virgule entre le sujet et le verbe, la ponctuation chez Rabelais ou la structure sémantique des guillemets.

Codes typographiques

Code typographique, Fédération CGC de la communication, 1989.
Lexique des règles typographiques en usage à l'Imprimerie nationale, Imprimerie nationale, 1975.
Guide du typographe romand, Association des typographes de Lausanne, 1993.
Orthotypo, Jean-Pierre Lacroux ; à télécharger sur le site de la Liste typo : http://listetypo.free.fr/JPL/Orthotypo-Lacroux.pdf
Manuel de typographie française élémentaire, Yves Perrousseaux, Atelier Perrousseaux éditeur, 2002.
Les Guillemets, Jean Méron, 1999 ; disponible sur Internet à partir du site de la Liste typo : http://listetypo.free.fr/meron/new/

Table

Préambule 7
INTRODUCTION. La longue marche d'*Homo ponctuatus* 9
LE POINT. Un point, ce n'est plus tout 27
LE POINT D'INTERROGATION. Galbé le magnifique 37
LE POINT D'EXCLAMATION. La touche Renaissance 50
LES POINTS DE SUSPENSION. Un éloquent silence 62
LE DEUX-POINTS. Le mal-aimé 79
LE POINT-VIRGULE. La lanterne rouge 90
LA VIRGULE. La larme du compositeur 101
LA MISE EN SCÈNE DU DISCOURS ET DES CITATIONS.
« Paroles, paroles, paroles... » 127
LES GUILLEMETS. Un jeu de « guilles » 140
LES PARENTHÈSES. Les belles arrondies 149
LE TIRET. Le Don Quichotte de la ponctuation 165

PETIT GUIDE TYPOGRAPHIQUE. La marche au canon 177
Tableau récapitulatif 189
Les réponses à nos jeux 191
EN GUISE DE CONCLUSION. « Toute une nuit d'amour
dans un point-virgule ! » 197
Bibliographie 199

RÉALISATION : CURSIVES À PARIS
IMPRESSION : NORMANDIE ROTO IMPRESSION S.A.S. À LONRAI
DÉPÔT LÉGAL : AVRIL 2006. N° 85802 (06-0742)
IMPRIMÉ EN FRANCE